# 教育基本法「改正」とは何か

自由と国家をめぐって

岡村達雄

インパクト出版会

# 『教育基本法「改正」とは何か——自由と国家をめぐって』目次

## 第Ⅰ部　教育基本法「改正」にどのように向き合うか



## 第Ⅱ部　戦後教育史の中の教育基本法

## 第Ⅲ部　公教育を問いつづける

# 第I部　教育基本法「改正」にどのように向き合うか

# 教育基本法「改正」問題とは何か

## 1．教育基本法「改正」問題の背景

### 一　「改正」を推進する主体と運動

教育基本法の「改正」に向けた中央教育審議会の最終答申が出されたのは二〇〇三年三月二〇日でした。同日はアメリカ、イギリスのイラク侵攻によりイラク戦争が開始され、それと重なった日としても歴史に刻まれることになります。

教育基本法は憲法を前提とした教育法制として、固有な歴史性を帯びた公教育の法的枠組みとして、すでに半世紀を超えて法規範の役割を果たしてきました。その歴史的な評価をめぐって基本的な対立や違いがあるのは当然ですし、くり返し「改正」問題に火がつき論議がなされてきたのもうなづけるところです。

これまでに試みられた何度かの「改正」論議に比して、今回、従来と相違しているのは、推進勢力の主体と運動が「改正」の意図とそれがめざす目標をこれまで以上に明示的にしてきた点にあります。「答申」に先立つ同年一月二六日に「民間教育臨調」（「日本の教育改革」有識者懇談会）が設立されています。同会は「答申」後の四月二四日に河村建夫文部科学副大臣に次のような「改正」八原則を内容とした「要望書」を提出しています。

1　教育基本法改正は、あらゆるタブーを排し、部分改正にとどまらず抜本的な改正を目指すべきである。
2　日本の次代を担う国民育成のため、文化・伝統の継承と愛国心の涵養を、公教育の理念の根幹として規定すべきである。
3　公共心・道徳心・自律心の涵養は、答申に述べられた「新しい『公共』を創造する」という概念では不十分であり、これまで日本人が育んできた歴史的な観点に立って規定すべきである。
4　家庭教育の重要性を指摘するにとどまらず、親の役割や責任、行政の果たすべき役割について規定すべきである。
5　宗教教育の規定は「宗教に対する寛容の態度」「宗教の意義の尊重」にとどまらず「宗教的情操の涵養」を明記し、情操の涵養にまで踏み込んだ教育を推進すべきである。
6　教育行政の最終的な責任が国にあることを明記し、国と地方公共団体の役割分担を具体的に明示した上で、法に基づかない「不当な支配」を禁止すべきである。
7　答申が示した「男女共同参画社会の寄与」の名の下に、男女の特性を否定するジェンダーフリーの傾向に拍車を掛けることがあってはならない。
8　答申の教育振興基本計画の政策目標は、基本法改正の審議以前に作成された本末転倒なものである。教育振興基本計画は先行することなく、改正された教育基本法の内容に基づいて立案されなければならない。

この「民間教育臨調」は、「新しい教育基本法を求める会」（会長・西沢潤一岩手県立大学長）を改組して設立されています。「求める会」の方はすでに二〇〇〇年四月に「新しい教育基本法を求める要望書」を首相をはじめとした国会議員に提出し、これが今回の「改正」動向のきっかけのひとつとなっています。ところで、これらの「改正」推進グループにおいて指導的な役割を果たしてきたのは日本会議であり、「あたらしい歴史教科書をつくる会」運動のメンバーと人脈も重なっています。このような事情を踏まえると前掲の「要望書」から「改正」戦略の構想が浮かび上がってきます。すなわち、抜本的改正、公教育の国家主義的道徳的改造、家庭教育への行政関与・親義務の強調、宗教教育における「宗教的情操の涵養」推進、法に基づかない「不当な支配」の禁止、男女特性論の確認、適時の振興基本計画立案などにそれがうかがえます。

このような「改正」構想への集約は、推進運動の展開過程において、それぞれの利害の実現をめざす社会的諸勢力の間での合従連衡をとおしておこなわれてきたと見ることができます。宗教団体、各種の社会団体、政治団体、財界産業家団体、企業経営者などのあいだの利害調整、それを介した与党・保守ブロック内部でのヘゲモニー獲得をめぐる葛藤、対立、軋轢など、それを媒介としてひとつの勢力形成がなされてきたと見ることができます。もともと「公正な手続き」を無視するという国家戦略によって設置された教育改革国民会議（二〇〇〇年三月二五日）は、まさにそのようなプロセスを経て、政府主導の「同意の強制」というべき政治的ヘゲモニーの確立を準備し、露払いの役目を果たしたということもできます。

その報告書（二〇〇〇年一二月二二日）は「教育を変える一七の提案」をかかげ、〈教育者は国家である〉というメッセージ性をつよく印象づけるものでした。「教育の原点は家庭であることを自覚する」、「学校は道徳を教えることをためらわない」、「問題を起こす子どもへの教育をあいまいにしない」、「奉仕活動を全員が行う」などがそれです。これらは、いまや「国家が教育者である」ということに何のためらいもいらないのだ、とする臆面もない表明でした。

この報告書はまた、当初から教育基本法にはとらわれないとした目的を果たすために、「教育基本法の見直しに取り組む」ことを戦後初めて「公的文書」に記したのです。そして「新しい時代にふさわしい教育基本法」の議論にあたって、三つの観点が必要だとして、第一に「新しい時代を生きる日本人の育成」、第二には「伝統、文化など次代に継承すべきものを尊重し発展させていくこと」、第三には「教育振興基本計画」の策定をあげたのです。

この「報告書」が従来の「答申」類と異なっていたのは、あえて「改正」論議に枠づけをして「教育基本法の改正の議論が、国家至上主義的考え方や全体主義的なものになってはならない」と説教した点です。この一文はそのまま「答申」にも記されます。これは、自らを棚上げして他者を戒めるものです。こうした精神のありようは、同会議座長であったノーベル物理学賞受賞者でもある江崎玲於奈芝浦工業大学学長のつぎのような「能力観」に呼応しています。「ある種の能力が備わっていない者が、いくらやってもねえ、いずれは就学時に遺伝子操作を行い、それぞれの子供の遺伝子情報に見合った教育をしていく形になっていきますよ」(齋藤貴男『機会不平等』文藝春秋社、二〇〇〇年一一月、一二頁)。国家主義と優生学的能力観によって、教育基本法の「改正」が方向づけられていくことになります。

教育改革国民会議の「見直し」戦略は、これ以降、明確にグレイド・アップされ、国家政策レベルに位置づけされます。それは、この政策決定過程そのものが内閣府の創設と文部科学省への再編成(二〇〇一年一月六日)によって新たな段階へと展開したこと、国家の意思決定力の強化と綜合・高度化の実現を図る一府一二省庁体制によって補強されたことを抜きに語ることはできません。

文部科学省は教育改革国民会議の報告書を受けて「二一世紀教育新生プラン」(同年一月二五日)を公表し、その政策化のため遠山敦子文部科学大臣は「新しい時代における教育基本法と教育振興基本計画の在り方について」を中央教育審議会に諮問(同年一一月二六日)します。翌年には「中間報告」（二〇〇二年一一月一四日）を経てまとめられた中央教育審議会の「最終答申」（二〇〇三年三月二〇日）のなかで「教育基本法改正の必要性と改正の視点」について言及しています。それらは教育基本法を「新体制」のもとで位置づけし直すために、いくつもの新しい仕掛けをしています。

ひとつは、内閣府に設置された四つの「重要政策に関する会議」の筆頭「経済財政諮問会議」の第三二回会議（二〇〇二年一〇月三〇日）の臨時委員として出席した文部科学大臣の報告を受けて審議の後、関連事項について決定するという仕組みが作動し始めたのです。これまでの省レベルの決定、内閣承認と異なり、内閣府・重要政策会議による決定への移行です。たとえば、「心のノート」の政策化と経費支出について「経済財政諮問会議」での審議を踏まえて決定されています（二〇〇二年五月三〇日第一四回経済財政諮問会議議事要旨参照）。「心のノート」の実行のための予算措置は文部科学省二〇〇一年度予算案において、「道徳教育の充実」の項目中、「（心のノート）（仮称）新規」を含め六億二七〇〇万円が計上され、国家の政策意思として決定されています。一省庁を超えた最終審級での決定主体としての内閣府の存在は、議会を形式化し行政権の強大化による支配基盤の出現というべきものです。

ふたつ目には、中央教育審議会への諮問に際して、教育基本法の第一条「教育目的」の項目を「徳目の例示」とみなしたことにかかわっています。従来、学習指導要領など行政文書において、それらを徳目あつかいにしていません。諮問文にそれとなく滑り込ませた企図は、答申において道徳教育の「目標」として自明化されます。こうした手法は支配の常套手段です。行政権の強化にともなう現実です。なお、「第一条に八つの徳目があげてあります」という見方が事実としてはありました（清瀬一郎文部大臣国会答弁、一九五六年三月六日）。

以上のような「改正」のお膳立てに先行し、あるいは併行して、とくに推進勢力の側からのさまざまな動きがみられました。たとえば、全国教育問題協議会の「教育基本法改正案」（一九九九年一一月）、中曽根康弘元首相の「教育基本法改正」論（二〇〇〇年一月七日）、PHP総合研究所の新教育基本法検討プロジェクト「新・教育基本法私案」（二〇〇一年二月一九日）、経済同友会「教育基本法に関する意見書」（二〇〇二年一二月一三日）など、教育関係団体、産業経済団体、諸個人による改正案が提示されてきました。

このような「改正」の動向にともなう教育改革が、さまざまな教育の段階や分野にわたって展開されてきました。以下にその概要をここで確かめておくことにします。

〈一九九七年〜〉

「通学区域制度の弾力的運用について」文部省初等中等教育局長通知（一九九七年一〇月二七日）。

これは学校選択制の導入のきっかけとなります。

「二一世紀を展望した我が国の教育のあり方について」中教審答申（一九九七年六月二六日）。

「今後の地方教育行政の在り方について」中教審答申（一九九八年九月二一日）。

国旗・国歌法制定（一九九九年八月九日）。

文部省「教育改革プログラム」（一九九九年九月二一日）。


〈二〇〇〇年〉

「二一世紀日本の構想・懇談会「日本のフロンティアは日本の中にある――自立と協治で築く新世紀――」（二〇〇〇年一月）。

「学校教育法施行規則第二三条二新設」職員会議・校長の補助機関化、学校評議員の新設、「連携型中学校」「中等教育学校」の創設（二〇〇〇年一月二一日）。

これらの新しい学校の制度化は、戦後の新制中等教育システムをさらに能力主義化させ、複線型として展開させつつあります。


〈二〇〇一年〉

文部科学省「二一世紀教育新生プラン　学校、家庭、地域の新生――学校が良くなる、教育が変わる――」（二〇〇一年一月二五日）。

東京都品川区・学校選択制度の導入（二〇〇一年四月）。

「児童・生徒の出席停止措置」学校教育法の一部改正・第二六条（二〇〇一年七月一一日）、「指導不適切な教員の免職および他職種などへの配置転換」地方教育行政に関する組織と運営に関する法律・第四七条二・新設（二〇〇一年七月一一日）。

文部科学省・「心のノート・試作本についてのアンケート」（二〇〇一年一二月一〇日）。

〈二〇〇二年〉

「小学校設置基準」「中学校設置基準」（省令）の制定（二〇〇二年三月二二日）。

因みに「大学設置基準」の大綱化から一〇数年、競争的環境への対応は、個別大学ごとに、評価による管理方式を定着させつつあり、義務教育段階への評価もまた、そうした時間的経緯につれて、自己点検・自己評価による管理機能を蔓延させることになるだろう。

文部科学省「心のノート」全国小中学校児童・生徒に配布（二〇〇二年四月）。

文部科学大臣「人間力戦略　新しい時代を切り拓くたくましい日本人の育成〜画一から自立と創造へ〜」（二〇〇二年八月三〇日）。

〈二〇〇三年〉

文部科学省『「心のノート」を生かした道徳教育の展開――「心のノート」――活用事例集』発行。［道徳教育推進指導資料］（二〇〇三年三月七日）。

遠山敦子文部科学大臣「教育の構造改革　画一と受け身から自立と創造へ」（二〇〇三年五月六月）公表。

ここに提示された改革理念は、国家による戦後の教育改革の総括であり、未来に向けた方位の道標として位置づけされうるものです。①「個性」と「能力」の尊重―能力主義 ②「社会性」と「国際性」の涵養―ナショナリズム・新国家主義 ③「選択」と「多様性」の

重視―自由化・民営化　④「公開」と「評価」の推進―評価管理主義。
内閣府・若者自立・挑戦戦略会議「若者自立・挑戦プラン」（二〇〇三年六月一〇日）。
中教審「初等中等教育における当面の教育課程及び指導の充実・改善方策について」答申（二〇〇三年一〇月七日）。
東京都教育委員会教育長・横山洋吉「入学式、卒業式等における国旗掲揚及び国歌斉唱の実施について（通達）」発令（二〇〇三年一〇月二三日）。

以上にみてきたように、今回の教育基本法「改正」問題の背景には、従来の場合とは決定的に違った事情があります。

まず第一に、一九八〇年代に開始された、いわゆる行革臨調は行政改革という名の国家の支配様式として遂行されてきたのですが、九〇年代を通して実施されてきた行財政改革は、地方分権推進法による地方分権化と中央省庁再編および内閣府の創設による中央権力の強化を同時進行させてきました。そこでは、権力の再配分と権限の機能的再配置、分権と集権、自治と参加、規制緩和と市場原理など、一見、相反しあうような関係をかかえながら一府一二省庁体制への再編を実現させるという意味では国家改造とみなすべき構造的変容がもたらされたわけです。

第二に、政府がかかげる「構造改革」は、このような国内の統治構造の変革を不可避とさせてきたグローバル化に応ずる、構造と諸制度の一層の改革なのであり、主権国家たる国民国家としての再構築は、領土という空間的境界の越境と国民・ナショナリティという観念的境界の溶解にたえうるような方途はありうるのか、という問いの前におかれています。有事における危機管理、セキュリティ、憲法の一時停止など、包摂と排除、統合と分断、強制と自発・同意などをめぐる意識操作、社会内部における体制受容的なイデオロギー形成は、「構造改革」国家にとって喫緊の課題として提起されています。

このような事情は、戦後の公教育の基本構造にかかわる、たび重なる学校の制度改革および教育の社会的機能の変容への対処によっては、いまや、すますことができないほどの事態におかれていることを示しています。

こうした状況に直面している公教育をどうするのか。教育基本法の「改正」によって何が解決されるのか。提起されている課題の解決のために、教育基本法をどのように変えればよいのか。条文の一部手直しにするのか。全面改正もしくは新法の制定を行うのか。廃止して同種の法律はもうつくらないことにするか。「改正」推進勢力はこのような選択肢の前で、議論もなく意見一致を見ているとはいえないものです。ましてや、国家の一般意思にまで、みずからの「改正」構想を押し上げていくのはたやすいことではありません。

冒頭の「民間教育臨調」の「要望書」にしても一部条文「改正」と「原則論」への言及に止まっています。「改正法案」の作成もまた、政治的駆け引きの所産です。

現在、教育基本法を「改正」するということは、先に挙げた選択肢のいずれにするか、そこに問題があるのではないという見方を求めるものです。

もちろん、「国を愛する心」などを「徳目」化して国家主義的な方向へと大勢づけていく戦略があるに違いないとしても、「改正」という事実そのものが、戦後を画し、新たな国家改造に対応する公教育の新段階に移行したという認識が人びとの意識に浸透し、教育の国家的規範が変わったのだという自覚が成立すること、そこに「改正」推進の意図を読みとらなければならないのではないか。とすれば、わたしたちはどうするのか。

## 二　教育基本法の評価をめぐる論争

教育基本法は、制定時からその評価をめぐって論議の対象となってきました。それは、どのように評価するかということが、戦後日本の教育現実においては、教育政策や教育運動、教育実践などにかかわる立場を表明することになったり、あるいは政治的な意味付与をともなわざるをえなかったからです。ある場合には状況によって、その評価がまるで反対になるということさえあったのです。こうした事実を論拠として、立場が違う相手の「無節操さ」を批判することも行われてきました。こうしたことはわたしたちにとっても無関係ではなく、歴史事実と思想に対する態度の問題として問われるものです。

ところで戦後日本「教育基本法」評価論争史という主題を設定し、その観点から「改正」問題を論じる方法が必要なのかも知れません。そのような本格的な研究は今後の課題として、こここでは今回の「改正」に反対していく理由を明らかにしていくことを主眼にして検討することにします。

教育基本法が批判の的にされ、その「改正」が唱えられていくような状況は、戦後くり返してあらわれます。

まず制定時ですが、よく知られているように、法案作成過程における教育刷新委員会での論議、法案審議がおこなわれた枢密院および第九二回帝国議会での論議において、法案への疑問と批判が出されました。あえて、ここでは立法の歴史的意義、その諸理念・原則の意義については周知されており、必要な場合以外は触れていません。

教育刷新委員会第三回総会（一九四六年九月二〇日）において当時文部大臣であった田中耕太郎は、教育理念や目的をかかげるのは、「天下り的に上から教育理念を押付けるというようなことはこのましくない」からだと考えたが、憲法前文の主旨、教育の根本法という性格もあり、草案に規定している、述べています。

第九二回帝国議会貴族院教育基本法案第一読会（一九四七年三月一九日）の質疑答弁において、佐々木惣一は質問の中でつぎのようにいう。「……教育と云ふものが如何なる目的を持つて居るかと云ふやうなことは、元来法制で定べきものであるか」。「……教育基本法なるものが、兎に角さう云ふ教育の目的と云ふものを法制の上で表はさうとする上に於きましては、其の教育の目的と云ふやうなことに付きましても、さう簡単に決むべきものではないのであらう」。

あるいは澤田牛麿もこう主張しています。

この法案は「説教でないかと私は思ひます。法律と道徳の分野は……決つて居ることでありまして、倫理の講義や国民の心得などと云ふことを一々法律で規定する必要はなかろうと思うのであります」。「……先程佐々木博士も言はれましたが、教育の目的などと言ふことは教育学か何かの理論であつて、……色々な学説があるでせうが、そんなことは何も法律で決めなくとも、学説で決めれば宜いのであつて、教育の目的なんと云ふことを法律で決めることは私は無理だと思ふ」。

文部大臣高橋誠一郎はこれらに答弁して「……教育勅語の奉読が廃されて居りまする際、……思想昏迷を来して居りまして、適従するところを知らぬと云ふやうな、状態にあります際に於きまして、法律の形を以て教育の本来の目的其の他を規定致しまするることは、極めて必要なことではないかと考へたのであります」。

以上に関する問題に対して、後年、田中耕太郎はつぎのように述懐しています。

「私は個人的には、国家が法律を以て間然するところのない教育の目的を明示することは不可能にちかいことと考えるものである。それは国家の目的を法律学的に示すことが不可能なのと同様である。憲法が国家目的を条文中に明示することをせず、ただ前文において民主憲法の政治理念を宣明しているにとどめているごとく、教育基本法も第一条と第二条は前文的なものとし、第三条から始まるものとする方がよかったのではあるまいか。法が教育の目的やその方針に立ち入ったのは、過去において教育勅語が教育の目的を宣明する法規範の性質を帯びていた結果として、それに代わるべきものを制定し以て教育者に拠り所を与える趣旨に出ていたのである」（『教育基本法の理論』有斐閣、一九六一年、一五頁）。

「従って如何に教育思想が混乱し不明確であるにしろ、道徳の徳目や教育の理念に関する綱領のごときものを公権的に決定公表することは、国家の任務の逸脱であり、パターナリズムかまたファシズム的態度といわなければならない。この故に明治二十三年の教育勅語のごときは、そのかかげている道徳訓の内容の正不正当否は別として、それが天皇の権威によって制定された点において問題となるのである。問題はその制定が反民主主義というよりも、国家が介入する権限をもっていないところの、道徳や教育内容の問題に立ち入った点に存するのである」（五一頁）。

ここでの「国家の任務の逸脱」論者である田中耕太郎について言及しておくべきことがあります。前記した国会発言から三か月前、憲法改正案第一読会においてこう述べていました。「民主主義ノ時代ニナツタカラト云ツテ、教育勅語ガ意義ヲ失ツタトカ、或ハ廃止セラレルベキモノダト云フヤウナ見解ハ、政府ノ採ラザル所デアリマス」。教育勅語が果たしてきた天皇制支配の歴史現実への反省を欠いたカトリックでありリベラリストでもあった国家主義者、田中は自己のつぎのような信条（思想の持ち主であったとすれば）を為政者の立場から放棄した人物です。すなわち、「国家の活動は一般的に文化を奨励助長するという限界内にとどまらなければならない。従って教育理念の決定のごとき純然たる学問的、ことに専門的な教育哲学的問題は、国家の干与の外にあるものといわなければならない」「ここにおいて従来教育勅語が占めていたが、それが除かれたことによって生じた教育法令や空白をみたすために、教育刷新委員会はその第一特別委員会において教育理念の決定を必要と認め」たとして自己の当事者性について語っていません。

制定時における、こうした政治的利害による「逸脱」をめぐる重要な問題性は、論議とはならず、封印され、放置されたままになったのです。これは「改正」論議というより、問題の所在の確認といった方が適切です。

この点に関して、占領権力の評価と認識にも触れておくことにします。

CI&E教育課『日本の教育における戦後の発展』において、民主的教育の伝統をもつ国々では重要な原理は、法律よりも慣習法的な事柄とみなされているが、「日本の教育家が、これらの原理を法律で具体化したのは、賢明である」しています。あるいは「……戦後期において、新しい教育目的の声明を公的に表す必要から、日本は、先の教育勅語と諸勅令の従前の使用から転換し、……教育目的と実際の基本的様式を確定した」と結論づけています（「教育目的の法的声明」、一九五二年四月）。

ここにみられるように占領権力は、教育目的や理念の「法定」を民主化に向かう国、日本への啓蒙的配慮と眼差しのもとに承認したという事情と文脈を、わたしたちはしっかりと再認識しておくべきです。

その後、政府による「改正」方針が表明され、これをめぐる「改正」論議が行われるのは、一九六〇年代に入ってからです。実質的にはこの時に、教育基本法の評価をめぐる本格的な論戦と論議をめぐる基本構図が明らかになります。

一九六一年、池田勇人内閣の荒木萬壽夫文部大臣は、第三八回国会衆議院文教委員会でつぎのように答弁しています。

「……もちろん当時といえどもこういう宣言規定みたようなものは、はたして法律という形で制定した方がいいのかどうかについてすら議論があったのだということを伝え聞いておるわけですが、しかし一応いやしくも法律という形で教育の基本理念、基本方針というものが定められておるとしますれば、そこのどこがどう悪いのだ、何が足りないのだ、何を加えるべきかということは、むろん私一個の見識程度でわかりかねますけれども……」

このような見方の上に、荒木文相は、「改正」を必要とする理由として日教組の「教師の倫理綱領」をあげて非難します。

日教組は機関誌『教育評論』臨時号「教育基本法と倫理綱領」（一九六一年）において反論を展開します。小林武日教組委員長は同誌巻頭「教育と子どもを守るために」という一文で反論の基調を記します。「教師の倫理綱領」（一九五一年）と教育基本法は矛盾しない。教育基本法を占領下の押し付けであるとか、日本人をつくるのに欠けるところがあるとかは俗論である。

「改悪」のねらいは、「倫理綱領」攻撃と日教組の分裂にあり、そうした政府・自民党の攻撃に対決するというものでした。こうした立場を理論的に補強するために、同誌上で、上原専禄「明日の日本を教師は築く」、梅根悟「教育基本法のもつ意味」、大槻健「教育の機会均等」、五十嵐顕「義務教育無償の原則」、羽仁説子「男女共学」、遠山茂樹「基本法の政治教育」、宗像誠也「教育行政と価値観統制」などによって論陣が張られます。

これら一連の論文のなかでどのように論じられていたか、そのいくつかを提示しておきます。教育基本法の制定時、四点（四大欠点）の修正希望条件つきで法案に賛成した日本社会党は、早急に改正の審議を始めた方がよい、いっそう完全な「見張りの枠とするための改正をするのは必要なことだ」（梅根悟）と「改正」肯定をすすめています。

ここでその後、提唱されることになる、いわゆる「内外区別論」の原型というべきとらえかたにふれている論文（宗像誠也）について言及しておきます。教育行政は「教育内容に介入すべきではなく、教育の外にあって、教育を守り育てるための諸条件を整えることにその目標を置くべきだ」とか、「教育行政は教育内容に介入すべきでなく、消極的には不当な支配の侵入を防ぎ、積極的には……諸条件を整備確立することを目標とすべき」であるという文部官吏の解釈（一九四七年）は正しいとした後に、「ひとたび立法されれば、不当な支配も正当となる」と考えるのは、二重の意味でまちがっていると指摘しています。

「価値観の統制にわたる立法は憲法の思想・良心の自由の保障に抵触するだけでなく、教育内容を統制する法律は、教育行政を拘束しない」のだと論じています。今日の時点からとあえて言わなくとも、その時点においてさえも、こうした論法と解釈によって、公教育の現実たる「公権力による不当な支配および正当な（合法的）支配」を批判しうると本気で考えていたのだろうか、そう思います。ここでは、第一条そのものが、「不当な支配」の立法条項にほかならないということ、そこに教育基本法の構制にかかわる問題があるということへの認識がみられません。これらの論点については後述します。

問題の所在はつぎの点にもあります。この「六一年『改正』問題」は、政治的には日米安全保障条約の改定をめぐる第一次安保闘争の終焉と新たな安全保障体制への移行、社会経済的には高度経済成長政策とマンパワー形成のための教育計画（『日本の成長と教育』一九六二年度教育白書）にともなう教育投資論的教育観の提唱という時代的背景を考慮して論じられるべきです。敗戦は占領権力による日本帝国の解体と天皇制イデオロギーの禁止（教育勅語の失効宣言）によって、愛すべき対象たりうる国の喪失と復活願望という感情、情動を生みだしつづけます。戦後の初期、占領終結前後からいち早く「愛国心」教育の提唱が為政者によって始まり、政権基盤を揺るがすほどの社会的な強い拒絶反応に出会うまでに至らず、世論の「受容」と「承認」のもとにおかれるのは、単に復古反動の保守勢力の方策が功を奏しつづけたからだとは言えません。むしろ多くの人びとの被占領体験もしくは被害者意識の内実、つまり侵略戦争の加害責任への自覚の不在をあげておく必要があります。このような体験のありようにくわえて、教育基本法のはらむ教育目的の「法定」は、国家の価値形成的教育観による国民育成（国民主義）を公定し、そのような法に基づく公的かつ「正当な」支配を既成事実化していく土台となったものです。

一九五〇年代における教育基本法への評価を左右させ、愛国心を高唱させようとしたものは、このような構図のもつ問題性への自覚の不在、そのような状況におかれていることへの疑いや批判的意識を人びとが共有していこうという感情や意志を生み出すような社会状況がつくりだされなかったという事情に求めざるをえないのかもしれません。もとより、被占領下の間接統治のもつ支配構造と二重権力がもたらした政治状況は、占領主体による教育基本法が果たす政治的役割に関する問題の本質についての明晰な把握にたいして、日本側にはそのレヴェルに匹敵しうる認識がみられなかったのではないかという事情を考慮しておくべきです。

一九五一年一一月一四日、天野貞祐文相は「国民実践要領」の大綱を発表し、道徳教育の必要を強調し愛国心の教育、伝統、文化の重視を説きます。それとともに、日教組の「教師の倫理綱領」草案を批判し、その教育基本法への批判的評価に触れ、「改正」が必要だと発言します。

戦後、教育基本法の「改正」論は、日教組による教育基本法へのネガティヴな評価に始まるという見方があるのは、まったく根拠のないことだといえないところがあります。

教育基本法の擁護論を批判する意図において、日教組の「変転する見解」の事例として、つぎのような指摘があります。

日教組の「『解説・教師の倫理綱領』において『日本の教育基本法という法律は「人格の完成」というきわめて抽象的な原理宣言を公けにしているが、それでは教育の目的は明らかにならない』と非難している」、というのがそれです（高橋史朗「教育基本法の五十年史」より）。評価の変転には、時代状況という背景があります。とくに単独講和にいたる一九五〇年代後半までは、憲法、占領権力、占領統治政策、アメリカ占領軍などへの評価を踏まえて、第一次、第二次アメリカ教育使節団および新教育に対する評価軸がたてられ、それまでの消極的かつネガティブな評価は、政府サイドからの「改正」方針の公表をきっかけに「擁護」論への転換が行われます。

『教育評論』第二巻第二号（一九五二年）は、天野発言に「特集◇愛国心と教育」をもって対応しています。ただし、問題は「私達のめざす愛国心は、自由・平等の精神の上に立つものでなければならない」（遠山茂樹「愛国心の過去と現在」）という建て方にとどまり、戦後日本が直面していた課題解決ときりむすぶことなく、「正しい愛国心と間違った愛国心」という論議の水準をこえる「愛国心」批判の展開はみられません。

いずれにしても、教育基本法「改正」問題を戦後公教育の特殊歴史性という観点で主題化しうることに成功してきたわけではなかったというそのことが、国家の側にさまざまな「逸脱」

「踏みはずし」といった挑発を行わせてきたのではなかったか、そうも考えられます。

一九六六年一〇月三一日、中央教育審議会は「答申」「後期中等教育の拡充、整備について」を公表します。この答申が重要な意味をもつことになったのは「期待される人間像」を含んでいたからです。それは、まさにそうした「挑発」とそのようなことが現実のこととして生じるのだということを象徴するものでした。

このことがどのようにとらえられたか。いま、わたしたちにとって切実な関心は、その認識の内実にほかなりません。たとえば、日教組の公式の見解はこうでした。

「その内容は、憲法、教育基本法を否定し、戦前の教育に対する厳しい反省の上にうちたてられた戦後の民主教育の理念を踏みにじるものです」(『教育評論』一九六七年一月号／一九五号、八七頁)。まさに絵に描いたような、戦後民主教育論的「批判」でした。なぜ、こうした「憲法、教育基本法の否定」ともいうべき言説が行政文書(「答申」)で「公的に」なされてしまうのか、そうした疑問が出されて当然です。その原因を国家や政府にのみ求めて、自らを問わずにすましていくということであったとすれば、わたしたちを取り巻く今日の事態がその帰結なのだというのがよくわかります。

「七〇年代『改正』問題」にもふれておかなければならないでしょう。

『教育評論』(一九七六年七月号／三三七号)において「教育基本法『改正』の動き――自民党の文教政策」(星野安三郎)が掲載されています。そこにおいて「新しい教育基本法を構想することはきわめて重要です」と「改正」積極論が提起されています。二つの理由から、その根本的再検討が迫られており、そのひとつ目の理由は、政権政党によって全面改正、あるいは現行法の廃止と新法制定という方針が提起されていることにあり、その立場が現行法の理念と原則を否定し、国家主義的だという点をあげています。

ふたつ目の理由は、施行から三〇年が経過し、教育基本法の諸原則が現実に対応しきれなくなっているという点、また「教基法の規定が抽象的・一般的にすぎ、その結果、教育の国家統制や反動的再編を可能にするようなあいまいさ」があるという点、さらに、『『教基法』を超えた国民教育を展望する動きが出てきている」という事実にあるとしています。

『教育評論』誌上で、このようにハッキリした形で「改正」教育構想の必要が掲載されたことはなかったのではないかと思います。

もちろん、こうした見解が提示されることになった契機は、当時の前自民党文教部会長の西岡武夫議員の全面改正論であり、文教部会の改革案にありました。

一九七〇年代は、一九七一年の「四六答申」が生涯教育論を改革理念にかかげ、戦後、初めての本格的教育改革構想を提起し、文部省と日教組が厳しい対決の終幕に向かって攻防戦を展開させていきます。勤務評定、学力テスト、教科書裁判、スト権スト、教育労働者論、人材確保法・教師専門職論、学校主任制、初任者・経年研修制度、養護学校義務制度化など、「五五年体制」下の対決が法廷闘争における教育権論争、教育基本法をはじめとした法解釈をめぐる論戦として展開されていく時代状況にありました。

このような時代の中で、教育基本法の「改正」は論議としても、教育現実の課題としても身近な問題と受けとられてひろがりをもつに至らなかったというのが実状でした。

この「七〇年代『改正』問題」では、裁判闘争にともなう法解釈論、教育に関する権利・義務関係論、公教育法制論、なによりも処分行政にかかわる処分の不当性の論証への関心が強まります。

六〇年代末の大学闘争は、八九年の天安門事件が与えた思想的影響とならんで、ラジカルな近代批判を問うものであり、現実の公教育の近代性を批判的対象として探究し、課題としてとらえようとするものでした。教育基本法は戦後公教育の法的構制であり、その近代公教育としての支配構造を支える法規範です。そのような視点から把握されるべきだとする立場の登場は、法解釈論的な教育基本法論議の有意味性を後退させ、教育基本法の評価論をあらたな段階にひきあげることになります。

他方、公教育は子どもを教育する親義務の共同化としてとらえ、人権としての教育を保障する体系であるとする立場においては、教育基本法は普遍的理念・原則によって子どもたちの学習権を保障する教育のあり方だとする見方が説かれてきました。ただし、こうした見方には、公教育が教育に対する支配体系でもあるという認識はありません。

こうしたさまざまな利害や思想的立場によって教育基本法への認識は深められ刷新されただ

ろうか、ここでもそのような問いが課されています。

「八〇年代以降『改正』問題」にもふれておきます。

七〇年代までの文部省対日教組の対決構図の解体、それは臨時教育審議会の改革論議のなかでの精算儀式ともいわれた日教組内部での「四〇〇日抗争」を経て、対決からパートナー関係へ移行することで教育基本法に対する評価にも決定的な変化が生じます。

一九九四年、自民党・社会党の連立政権とともに、文部省と日教組はパートナーシップの関係を結ぶという歴史的な転換がおこなわれます。

この結果、社会党および日教組は、従来、認めていなかった学習指導要領の法的拘束性、その大綱的基準性の承認に同意し、基本的対立点の解消がはかられました。このことは、教育基本法をめぐる評価の基本的対立点がなくなり、「改正」推進主体の運動がその実現の可能性を手に入れたことを意味しました。

いま、教育基本法を「改正」し、あらたな公教育体制を再構築していこうとしている推進主体を含む草の根保守運動が結実することもありうる時代状況をわたしたちは生きています。

この運動主体は、教育基本法の制定時から、教育勅語と教育基本法の歴史的連続性をその史観の核に据え、それを教育目的の「法定」に求め、「徳目」をもって国家的価値を教える教育者に期待をかけようとしています。

教育者としての国家を登場させようとする主体は、そのような意図に導かれる人びとの粛々として歩む姿に思いを馳せることに共感を覚える人たちなのでしょうか。

　教育基本法の「改正」問題の経緯は、この国の深部に発する磁力に抗い、〈教育と国家〉〈国家と個人〉〈自由と教育〉などについて思慮していく人びとが共に生きるひろがりをめざし、あらゆる境界を自在に行き来できるように促しているのだと思います。

## 2.「改正」反対の理由と根拠

### はじめに

　教育基本法の「改正」をめぐって、いま、さまざまな立場から反対論が説かれています。その論調と基調には、かつて、わたしたちが批判対象にしてきた見解も見られます。現在の状況をどのように捉え、問題の所在をどこに求めるか、見解も一致しているわけではありません。争点を明確にする必要があります。以下、なぜ「改正」に反対であるのか、反対する理由とは何か、教育現実を変えていくために教育基本法はどのような意義があるのか、「改正」されると教育はどのようになるのか、それらについてふれることにします。

### 一　なぜ教育基本法「改正」に反対するのか

　まず第一として「改正」手続きにおける不当かつ違法性の問題があります。形式的であったにしても臨時教育審議会の場合、設置法を制定して設置したのに比して、今回の教育基本法の見直しおよび「改正」に向けた一連の経緯を見ると、教育における「根本法」とされてきた法律の改正に相応する手続きが無視されています。いうまでもなく、このことは当初から「見直し」を提議する目的で設置され、首相の「私的」な諮問機関とされた教育改革国民会議の性格に現れていました。それ以降、また中央教育審議会の答申に至る過程で、その不備は修復されないまま、法に基づく行政のあり方も踏みにじられてきた。まさに、こうした手法をふくむ行政改革それ自体、違憲性があると指摘されてきましたが、その「改正」をめぐって不当かつ違法性が問題にされるのは当然のことです（森田寛二『行政改革の違憲性』信山社、参照）。

第二には、今日の教育現実は教育基本法体制のもとでもたらされたものであって、『改正』はその現実を強化するということです。教育基本法の法的枠組みのもとで成立、展開してきた戦後日本の公教育は、資本制社会体制に由来する能力主義に基づいており、それは子どもたちを差別し選別するような教育、学力や偏差値を競わせるような序列主義的な学校社会、「障害児」を分離する別学制度、階層化された社会の再生産と人びとを産業構造に応ずる人材として配分し、また彼／彼女たちを職業配置していく社会的機能をになう学校の現実をつくりだしてきました。一方、国民国家体制としては諸個人を「国民」に形成し、また統合・包摂、排除をとおして教育を国家主義的、管理主義的なものにしてきました。こうしたことは教育基本法の法制的性格を、教育の権利保障が同時に教育支配の体系であるような公教育法制として捉える見方を求めるものです。「改正」はこのようなもろもろの公教育の現実をいっそう強める以上、

「改正」には反対です。

　第三は「改正」そのものがいわゆる「不当な支配」であるということです。「教育基本法」の重要な規定のひとつが第一〇条です。教育は「不当な支配に服することなく」行われなければならないという規定のもとで、じつは国家・行政による「不当な支配」が繰り返されてきたのであり、今日の教育の現実は「不当な支配」の堆積物であると見ることもできます。したがって「改正」は「不当な支配」をあらためて実効化するものであり、国家戦略の新たな展開といえます。さらに言うならば、第一〇条は、「不当な支配」の主体から行政当局を除外していると公言したうえで「不当な支配」を「公的支配」として正当化させるからくりを演じさせ続ける役割を担う規定となるでしょう。もともと、どのような場合にも「不当な支配に服してならない」のであって、教育だけを特別あつかいすること自体がおかしいというべきです。

　しかし、そのような現実があるとしても、それでもなお、教育基本法制は「法に基づく」「正当で公的な支配」の行使によって、現に教育の社会的機能を組織しています。そのかぎりで、その事実を認めておくべきです。そこでは教育の制度化をめぐって対抗し合う社会的な諸力や諸個人が出会い集散する〈場〉もかろうじて保持されてきました。より正確に言えば、そのような人びとの日常の生活や公共的な空間である〈場〉そのものも同意と強制、包摂と排除などをとおした支配の必要性に根ざしているのですが、「改正」はこうした〈場〉の存続自体を困難にさせたり、諸利害の衝突を調整してきた共同社会を専制化し、人びとを支配し抑圧していく管理の新しい方式をつくり出し、それに取って代わらせることになるでしょう。

第四にあげられるのは、「改正」は教育基本法体制を変えていく選択肢を狭め、その可能性を後退させるということに関係しています。教育基本法制は近代の公教育法制としての原理・原則に基づいています。教育においても〈近代〉は依然として批判と超克の対象であり、その枠組みと原則が問われています。いまグローバリゼーションの状況の中で、近代を超える教育構想の新しい〈像〉を結ぶのはたやすくありません。そうかといってそれを断念することもできません。今回の「改正」は、そのような歴史的課題である教育基本法体制を自らの力で変えていく方向性と可能性を、わたしたちに自覚させる契機にはなっています。しかしながら、そうした方向とは反対に「改正」は私たちを困難な事態に投げ込むに相違ないでしょう。

第五は天皇制の戦争責任の免責とその「正当化」に関係しています。教育基本法は憲法と不可分である。この憲法との不可分一体性は、教育基本法を憲法的原理により価値づけるという点で強調されてきました。しかし、じつは憲法・教育基本法体制と言われてきた戦後教育体制は、天皇（天皇制）の戦争責任を免責したうえで成り立ってきたそれであるといえます。「改正」は将来に向けても免責を正当化させようとする国家意志によって推進されようとしているのであって、認めがたいものです。

第六、教育基本法の原理・原則は普遍的なものではなく、基本的には歴史相対的なものです。こうした法の諸理念・原則をむしろ普遍的なものとして捉えようとする見方は、「改正」反対論に根強くあります。それは教育基本法の理念・価値を肯定的に理解し、「善きもの」として擁護しようとする立場があるからです。たとえばそれは、教育という行為が「善きもの」とみなされ、「子どものために」とか「教育的配慮」だとして「指導」が行われますが、実際の教育の場面では児童生徒は、指導目的の方向づけとそれへの受容と反発、拒否などをとおして、生じてくる方位なき様々な相剋、葛藤、対立を教員との権利と義務の主体相互間の関係のもとにおきかえます。子どもたちを振り分け、差別する現実は、それが権力関係として制度化されているところに根拠をもっています。教育＝「善きもの」観は、教育基本法に普遍的な理念を求める見かたと相い通じています。教育現実への批判は教育基本法を支える考え方への批判的吟味、検証を伴うものでなければならないでしょう。

第七は、「徳目」の追加により〈心の支配〉が強められること、「目的」の「法定」は近代原則からの「逸脱」の問題だということをめぐる論議にかかわっています。「改正」は、第一条の教育目的に、新たな「徳目」として「国を愛する心」などを加えるとしています。すでに指摘したように、もともと、法が個人の心のあり方を定めたり、公権力によるその介入を認めないとしてきたのは、近代の市民社会における国家と個人との関係に根拠をもっています。個人の心のありよう、内心の世界および良心形成において、公権力、国家がそれに干渉し、強制をもって個人を支配し、そのように振る舞うことがあってはならないとされてきました。もちろん、公権力は事実として多様な形態、方法、程度によって、諸個人の内面世界に関与しています。これは事実認識です。他方、「逸脱」問題は法の規範、法解釈としての価値認識の問題です。その意味で「法定」は、かつて田中耕太郎が言ったところの「逸脱」と言えます。この「逸脱」は、前述のとおり、教育基本法の制定時に明確に自覚されていたのです。これを「歴史的負性」と見るならば、それは当初から刻印されており、教育基本法の制定は、教育勅語の強大な影響力を除去するとともに、「民主的な改革を断行したのであり、教育目的の法定は当然の措置として是認できる」とする見方もあります（鈴木英一・平原春好編『資料　教育基本法50年史』勁草書房、一九九八年、五四頁）。しかし、この「負性」＝「教育目的の法定」は肯定されてよいということにもなりません。

制定時の「逸脱」（「逸脱Ａ」）は、いわば民主化＝近代化という名において、「合意」され「承認」されたものですが、それを単純に「前近代」への後退＝反動とみなすことはできません。これに対して、今回、上塗りされようとしている公然たる「逸脱」（「逸脱Ｂ」）は、近代に対する「非近代」であり、それればかりか「前近代」も「後近代」「超近代」「脱近代」をも包含しているものです。それは、あらゆるものを飲み込み、踏みしだいて行くという根源性において捉えられる、資本の大運動＝グローバリゼーションのもとに包摂され、〈近代〉の命脈をもちこたえうるのかという難問をかかえ、また国民国家の存立の帰趨に直面させられている種類のものです。

いずれにしても、戦後の憲法・教育基本法体制なるものは、この「逸脱Ａ」を認めたうえで、それを前提として成り立ってきたのです。この点で、いわゆる「体制」「反体制」とも、また行政側、運動側とも、そのようなあり方を黙認したうえで同床異夢のもとにあったということになります。じつは、教育基本法はこうした教育目的の法定をめぐる「公的支配」を歴史現実とするための法的装置だったといえるかもしれません。いま、「逸脱B」の立場から戦後教育体制総体の再審が求められているのではないか。問われるべき問題の核心のひとつがここにあります。

もともと教育という行為は目的志向性を帯びた問題をはらむ営為です。目的に向けて導いて行くものとしての教師と導かれる先のゴールを知らされない不安・疑心を抱えた子どもたちの関係が生み出す関係世界は、教育という行為の属性を最も深いところで規制しているものです。今回の「改正」が意図している「逸脱」の強化は、こうした「目的」をめぐる葛藤への国家の態度選択でもあり、グローバル化のもとで国民国家を再構築しようとする国家意志と連動しています。

これは、逸脱を近代化という軌道からの脱線だとした場合、「逸脱A」にせよ、「逸脱B」の場合にしても、問題は軌道に戻させ、近代化を図らせるべきだったということにはなりません。そうではなくて、近代がもともと一面では価値一元的な社会への志向性とそれとは反対の方向をも内包したものであり、そのようなあり方からの「逸脱」は、近代を近代たらしめてきた諸力、諸要素を動員して存在し続けるために常態化されてきたもの、〈常態化された逸脱〉とみるべきなのかもしれないのです。それはこのような事態のもとで進展する〈一元化〉なのです。グローバル化をそのような例としてとらえてみることもできます。いずれにしても、そこでは価値をめぐる個人と国家の関係のあり方が問われています。

それは国家からの諸権利の確立と自由の承認という方位を超えて、「自由な」意志の主体たろうとする人びとのあいだでの価値観をめぐる対立と抗争を思想の市場にゆだねることなく、あるいはまた市場競争の果てにやってくる破局の回避者を僭称する権力の恣意を許すことなく、共生と社会の共同性に連なるようなさまざまなアソシエーションを創設することは可能であろうか、というきわめて今日的な課題の探究と深く結びついています。

このようなこころみに対して「改正」は国家主義的な価値一元化を促す「徳目」を掲げ、他方では多様性を教育の指導原理とすることで、この事態に対処するのだという共同体的志向をもつ国家意志をあからさまに人びとに押し付けようとしています。

第八として、「改正」は国家主義、共同体論、ナショナリズムを強化していくものだという点についてふれておきます。グローバル化めぐる問題状況において「改正」問題をどのように位置づけるべきか、これも問題であります。

教育基本法は人権としての教育を保障する法体系として、教育の機会均等化、教育の普及を押し進め、社会問題としての不平等、差別を一定程度、克服してきたということは事実として認めなければならない。しかし、この教育の「普及」のなかみ、実態はどうかとなれば、そこでは教育の私事（わたくしごと）性に起因する矛盾が渦巻いており、教育の公共性の名による抑圧と管理、差別と支配を教育の全領域にゆきわたらせてきました。新自由主義を掲げて「私事性」および資本に発する競争原理、市場主義、規制緩和、民営化などを進展させる一方、新保守主義により伝統、文化などの「尊重」を説くことで、ナショナリズムによる新たな国民統合をとおしてグローバル化に対応しようとしています。

憲法の「改正」とリンクしている教育基本法の「改正」は、それを推進する共同体論的な指向とは一見相反するかのようにみえる、利己的な個人主義、個と個に解体してしまう対立の温床である私事性が作動する磁場をも吸引しています。プリヴァタイゼーションは人びとを例外なしに個別化、特異化することで平準化させ、それにともない消失せしめられた共同関係性を穴埋めするか、補充するものとして共同体論的なものへの同調と受容をうながしています。そこには〈消失できない全体なるもの〉への期待と諦念といった背反する感情を抱えている若い世代の存在のありようがうかがえます。

わたしたちは、以上のような場にかえて寛容さをそなえた価値多元的で共同的な関係性の場へ、国家的価値に求心化するナショナリズムに対しては国家と社会のあらゆる次元で越境する自由の境域の創造へ向かうこころみを対抗させているのです。

教育基本法の「改正」は、グローバル化によって進展する事態に対する国家と資本のイデオロギー的、政治的立場をあらわすものです。それは、二〇〇三年五月に文部科学大臣により公表された「教育の構造改革」の指導理念として掲げられている四つの理念を政策として実効化するものです。そこには（1）「個性」と「能力」の尊重、（2）「社会性」と「国際性」の涵養、（3）「選択」と「多様性」の重視、（4）「公開」と「評価」の推進、があげられています。国家主義、文化・伝統主義、郷土主義、ボランティア、奉仕主義、規範主義などが一方の立場を掲げ、他方では、市場的競争主義、能力主義、自己決定・自己責任・自己評価などを原理とする自由化、個人主義、受益者負担主義などを包含して、グローバル化と反グローバル化に対応しようとしている。公と私、全体と個、国家と地域、グローバルとローカルなど対抗的原理と立場は、相互に二項的関係を越えて、交錯し錯綜しつつ混在する関係を重層化しています。この関係世界の実相をとらえるのは容易ではありません。

このような状況において、進展するグローバル化の事態は、ローカリズムやナショナリズムをもって対応しようとする多様な地域主義、エスニシティ、国民主義を触発させ、それらは「改正」反対の論調に陰影を与えてつづけてきました。

国家は、わたしたちが「愛すべき」対象として国、郷土、風土、伝統、文化などを押しつけます。よけいなことであり、おせっかいであるというしかないでしょう。

たとえば、一般に人びとは「それ（郷土）が近代国民国家の形成と連動して『つくられたもの』であるにもかかわらず『自然』にそこにあるものと考えられがちな事態」（『郷土　表象と実践』「郷土」研究会、二〇〇三年）と受けとっているという指摘があります。しかしそのようには、なかなか思い及びません。「改正」を推進している側は、教育目的に愛国心や郷土愛を徳目化しようとしています。それを復古＝反動＝保守だからという、分かりやすい理由で問題にしてすませません。グローバルな世界状況にあって、それは「改正」推進勢力の国家戦略を時代錯誤として片づけるのではなく、グローバル化に関わるひとつの立場として位置づけ直すことであり、日本近代の国家の総括にかかわる国家と個人、公権力と自由、主権と人権の新たな関係構築に対して、わたしたちはどうするのか、そのようなレベルでの問題として受けとめる必要があります。問われているのは、そのようなことだといえます。

日本近代が深く抱え込んできた国家目的に向けて〈人びとを教育する〉という習性からの離脱とためらい、それをめぐる難問の数々に、いま、わたしたちは直面させられているのです。「改正」反対をめぐる論点は多元的であり、多数に及び、それらは錯綜しているが根においてつながっています。問題自体が多様な次元、位相、領域にわたっているからです。

## 二 〈論争〉の現在《いま》—共有すべきものに向けて

教育基本法の「改正」推進の状況の中で、高校の卒業式での「君が代」斉唱強制の際に、卒業生たちに向けてなされた発言によって教員Mさんは戒告処分を受け、その取消し請求をもとめた争訟が継続中である。

Mさんは卒業式会場でつぎのように発言しています。《職員会議では「君が代」の斉唱はしないと決議されています。言うまでもありませんが、立つ立たない、歌う歌わない、退場するしないは、皆さんの良心に従って判断して下さい》。

学校はいまや「精神の戒厳令」のもとにあるとする状況認識をいかに共有しうるか。これは、それをめぐるMさんとの対論です。

Mさんへ（第一信）

先日の「『日の丸・君が代』処分を撤回させる会」に参加して、いろいろ考えることがありました。集会の最後に、発言の機会をいただきました。そこで言いたかったことについて、その趣旨をあらためてお伝えしたいと思います。集会では、北村小夜さんの講演後の質疑のあと、Mさんから発言があり、興味深くお聞きしました。私の受け取り方は、それは「もうひとつの『国民教育論』」というようなものでした。

Mさんは、会報に収載されている「『国民』的存在からの脱却?・」の末尾で、「日本国憲法を『押し付け』だとして受容しなかったのは、戦前回帰の右翼だけでなかった。「国民教育論」批判は、プレモダンの濃厚な現実を放り出して、批判のファンダメンタリズムを競い合い、結局はこの社会のモダニゼイションそのものを流産させてしまったのでなかろうか」と書かれています。

ここで言われている「プレモダンの濃厚な現実」とは、近代の自立・自律した個人ではなく

「前近代的な」地縁・血縁的関係に縛られた個人といったありよう、内心の世界・良心の自由を備えた個人ではなく共同体的柵（しがらみ）に囚われた個人の在りよう、国家と個人の自由（内心の自由）との未分化、政教分離の不徹底、天皇制の象徴天皇制としての存続などを指しているのでしょうか。

『『国民教育論』批判』は、ファンダメンタリズム（本質主義、原理主義？）の一種だ、先日の集会では、それは「教基法『批判』にシフトしてきたために、戦後、憲法・教育基本法的価値を定着させていくうえで、結果的にネガティヴに作用したのではなかったか。つまり、「改正」反対をめぐる現状況において、「近代的価値」の定着に逆作用したといえないか。「国民教育論批判」の果たした役割は、今日の、「強制」「心への介入」に対決する上で負荷を負わせることになったのではないか、最近そう思うようになっている」、といった趣旨の発言と思われました。

いま、「改正」問題で最重要事は第一〇条「不当な支配の禁止」だ、法は言うならば、いかようにも解釈可能なもので、第一条に「愛国心」等の「徳目」を追加することよりも、「不当な支配」への対峙が重要ではないか。こういうもののようでした。

これに対して、集会の最後で発言を求められ、「改正」反対論議では大いに論争したらよい、私は、むしろ第一条問題に重要度を見る、第一条の「目的」の「法定」こそ、憲法原理、近代原則に相い反しており、第一条そのものが「不当な支配」にあたる構造となっている。

戦後教育は、第一条による「呪縛」への自覚の欠如、言いかえれば、価値主体の間での相互批判がなされる「共同的空間」を「国家」に「預けてしまった」ことによって、〈国家と「心」〉の関係を「法定」という形式で定め、つまり、それは教育基本法第一条的「呪縛」として、戦後現実の中に置かれてきたのではないか、そうした意味合いとして語ったものでした。

この際において「教育目的・価値」の「法定」禁止という「近代原則」は、「呪縛」構造とは異なる「価値」と「個人」の関係の在りようをもたらす前提条件をあたえ、可能性を孕むものだったのではないか。私がそこで言いたかったことは次のようなことだったかもしれません。

戦後教育論における、もろもろの「個人の良心の自由・内面世界への介入に対する反対・批判論」＝「民主・国民教育論」も、あるいは、それへの批判論（国民教育論批判）も、双方とも、この構造に「呪縛」されていたことに無自覚であった。そこに戦後公教育の真の問題性があった。

北村小夜さんは、いまを〈こころとからだが国家に奪われる時代〉と言いあてられた。教育基本法「改正」を推進する勢力は、そのような〈時代〉をしつらえ、準備してきた「呪縛」構造を強化し、仕掛けられている今回の「改正」が個々人の〈同意と受容〉を通して、国家に個人を包摂し、服従させるような支配の実現に向かうベクトルをもって、支配するものを突き動かす内的衝動をもたらしつつある。そこに、近代の難問である「国家と個人の内心」の関係のあり方の〈現在〉があると言えないか。

国家や法による「教育目的」や「価値づけ」なんかないほうがいい。そうなったからといってアナーキーにはならない。そんなことがないような社会の方に賭けた方がよっぽどいい。帰京される途中の北村さんとうなづきあったのは、こうした文脈においてだったと思います。

いずれにせよ、「呪縛」からの解放を、様々な観点で論じ合うことはできないか。こうした問題の建て方に拒否反応を持つ人びとがいることも承知のうえでのことです。私も改めて再考してみたいと思います。以上は、集会への私的コメントです。私の発言の補足とします。

ところで先日の東京都教育委員会の「一〇・二三通達」は、あからさまな「強制」を強めるものです。

戦後教育の画期となるであろう、昨今の「改正」反対論議は、自在な思考と想像力によって批判的に検証され、「改正」反対のための思想的な深まりに向かってほしいと思います。上記の私的コメントもそうした考えから、あえて記してみたものです。

疑問、反論があればお聞かせ下さい。

（二〇〇三年一一月）

Mさんへ（第二信）

先日来「返信」をいただいたまま、失礼しておりました。ようやく所感をまとめる時間が採れました。この一カ月、処分の撤回を求める人事委員会審理の開始、冒頭陳述に向けて密度の濃い日々を過ごされてきたことと推察いたします。自衛隊のイラク派兵は、「戦時体制」とはこうした事態として進展していくものなのだ、それをわたしたちに知らしめるものです。

ところで、先だっての「処分を撤回させる会」でのMさんの発言に始まる、一連の応答の背後には、「ひのきみ（「日の丸」「君が代」）」強制、教育基本法「改正」、さらに「心のノート」問題、くわえて「教育の構造改革」の展開をめぐる事態が控えています。

私は、ここで「論争」を呼びかけました。それはまさに理論と実践、思想と現実に対して共に向き合う時を失ってはならないと感じたからです。

1．先の「返信」においてMさんは次のように記しています。
……「近代主義」に対する最もラディカルな批判者であったはずの岡村さんから、「近代原理」に基づくべしといった「言説」が出されることの裡に、ぼくは現在の局面の厳しさを思わざるを得ません。……

進展する状況の「厳しさ」を［復古・反動］＝［前近代］VS［進歩］＝［近代］という構図において描き、この局面に（岡村は）「近代（主義）」をもって対抗するものとなった。ラディカルな「近代」批判の旗を降ろして「近代主義」に撤退（転向）した。

今回の「返信」の核心は、ここにあるといってよいかと思います。

賢明なるMさんがこのように受けとられたとすれば、それだけの理由があり、そう受け取られるところがあったのかも知れない、まずはそう思います。しかし、わたしは近代主義者になったわけでもなく、これまでの立場を基本的に放棄したわけでもありません。

そのことをこれから明らかにしていくつもりです。

その前にひとこと触れておきます。

人事委員会での冒頭陳述、メールの文書で読ませてもらいました。「精神の戒厳令」が敷かれた学校という表現は、事態の本質を衝く鋭いものをもっています。

自己の行為の説明として、第一に「教員としての正当な職務行為であった」、第二にそればかりでなく「生徒の権利・人権を擁護すべき立場にある教員としての義務の実践」であり、「当時考えられ得た唯一最低限の行為」であったと確信している、とされています。ここにMさんの立脚点が据えられているのだと思います。

自己の行為にかけられた「処分」という権力発動を批判する決意と論理の提示は、この審理の方向性を決するものでしょう。以上の点に限るならば、高等学校段階における教員と生徒との権利・義務関係を明確にさせる必要があります。教員は生徒の人権・権利を擁護・保障すべき義務があり、生徒は擁護される権利がある、ということであれば、その関係の内実と構造に踏み込んでいかざるを得ないと思います。もとより、こうした単純化された関係を超えて問題が提起されているわけですが、留意しておいてよいものに思われます。

生徒の個々人もまた、それぞれに思想、信条、信仰および良心の持ち主であって、生徒同士における葛藤、対立が想定されるものです。ここに教員がどのように介在、関与すべきであるか。それは国家のエージェントであり、またそれを是としない主体であるような教員のあり方を問うものでしょう。以上は、とりあえずの所感です。

それでは、本題に入ることにします。

Mさんは、「第一条改悪の持つ意味は、……〈われわれ〉にとっては、大前提であり、ある意味では最早『常識』となっています」と指摘しています。ここには、言外に、第一条を問題とする岡村の言説は、すでにして「前提」や「常識」であるものにすぎない。しかし、そのことをもって、その言説を否定する気はないが、「言説戦略」の見直しの必要性はあるとしています。私への「返書」の出発点がここに据えられています。

要するに、第一条を問題とする言説は常識にすぎないし、こと新しいものでもなく陳腐な見方だ、ということになるのでしょうか。そこで、わたしが問題にしている点をまず明確にしておきます。ここで提起している教育基本法の第一条問題は、まさに、〈われわれ〉の「常識」や「大前提」を形づくってきた「認識の方法」に対する疑いに発しています。ところで言うところの「認識の方法」とは次のような意味です。

教育基本法が「教育目的」を「法定」していること、つまり教育的価値を法律で定めたという事実を当然のこととして、つまり「常識」に帰属する事柄として見なし、〈われわれ〉もまたそのように受けとってきた、そのような「認識の方法」という意味です。そのことをわたし自身も疑わなかったというばかりでなく、諸々の「教育基本法論」の著者たちもまた問題にしてきたわけではなかったという事実です。わたし自身はかつてから事実としては指摘はしてきました。しかし実際には、戦後における教育基本法「第一条論争」は不在だったといってもよいでしょう。なお、教育目的を「法定する必然性」を歴史的転換期の要請にあるとした指摘をあげておきます（久保義三『昭和教育史下』一一三六頁）。

ところでMさんは「一条に『国を愛する心』を盛り込むことの権力の『ねらい』と危険性を云々する」こと「だけ」を私が言ったかのように言及されていますが、そう言ったことはありません。「改正」推進勢力が「国を愛する心」を新たな「徳目」として追加すること、あるいは条文の全面書き直しを企図してきたことは周知のことです。わたしはその周知のことに注意を喚起し「危険性を云々する」こと「だけ」を「言説」として提示したことはありません。あえて念のために言っておきます。ところで、わたしにとっての「第一条問題」は端的に言えば次のとおりです。それは、前記した「第一条論争の不在」および「不在」たらしめてきた理由とそのことを問題として自覚的に認識できなかったことにかかわっています。

「第一条問題」とは何か。それは「教育目的」「教育的価値」「教育内容」の「法による規定」「法定」をどのように捉えるか、そういう問題です。現に、実定法として教育基本法はその第一条において「目的」を「法定」している以上、「法定」の是非を論ずることにどれほどの意味があるのか、そのようにも言い返されるかも知れません。

ここで改めて、わたしの問題認識の要点をまとめておきます。

（1）教育基本法の制定過程において、「教育目的」を法律で規定することは適・不適かとする論議があったのです。

（2）この論議の前提には、「教育目的」は教育的価値であり、それは個人の価値観の問題であって、精神的自由の領域に帰属し、各個人の判断に委ねられるべき事柄であり、法律や公権力が「教育目的」を定めるのは、近代法と近代教育の原則に合致しないとする見方が控えていました。

（3）にもかかわらず、第一条において「目的」が「法定」されたのは、第一に憲法の理念（国民主権、基本的人権保障、恒久平和主義）による新国家建設において教育の役割が重視されたこと、第二にそのために戦前の天皇制思想を払拭し、教育勅語の影響力のもとにあった人びとの意識をかえていくためとされたからであった。それは、日本側支配層のきわめて政治的な意図、啓蒙的な配慮および占領目的によって決定された。

（4）この教育基本法制定時に見られた「目的」の「法定」をめぐる論議は、じつは日本近代国家の創設時にすでにおこなわれていたのです。

（5）大日本帝国憲法（一八八九年二月一一日）の制定過程における論議、すなわち、臣民の倫理規範を憲法上に「法定」することの是非論である。この論議において、「法定」は内心を法で律することになり認められないとして、倫理規範は「教育勅語」（一八九〇年一〇月三〇日）において別に明示することとされたわけです。「教育的価値」、「倫理規範」は「法定」せずという立場は、天皇制立憲君主制という国家構想において、「開明近代派」の側によって主張されたのです。

（6）教育基本法の第一条における「目的」の「法定」は、教育勅語を「渙発」せしめることによって「守護」された『「法定」せず』とした「原則」を、今度は「教育勅語」の無効化のために放棄したことを意味したのである。これは歴史の皮肉であったと言えます。

（7）第一条による「目的」の「法定」は、戦後公教育の基本的な性格を決定する重要な意味を含んでいました。たしかに、この「法定」は国会における国民の総意に基づき立法化され正統化されたものです。しかし、この「法定」は、戦後公教育の現実において、政府、行政権力、総じて公権力が、戦後の早い時期から教育・学習内容、教育価値などに関与していくイデオロギー的基盤を用意していったのではないでしょうか。国家、公権力による個人の内心の自由へのオフリミッツ（立ち入り禁止）が「近代原則」であるとすれば、日本公教育は戦前（教育勅語による天皇制臣民思想）および戦後（教育基本法「目的」による啓蒙）を通じて、その内実に相違があるとしても、この「原則」を侵犯しつつ、形式においては通底していたとも言えるのです。ここに見られた個人の内心の自由と国家との関係のあり方は、たとえば天野貞祐文相による修身科の復活（一九五〇年）および「国民実践要領」（一九五一年）の表明、特設道徳教育の導入（一九五七年）、「期待される人間像」

（一九六六年）など、国家と個人との関係のあり方を規制していく一連の政策を導き出す前提となったのです。

なお、国民国家のもとでは国民に対するイデオロギー的支配は国家機能の重要なひとつであり、それが明示的に『「価値」の「法定」』について規定しているか否かに関わりなく、支配様態を構成する一部です。この「法定」はたしかに原理的には「近代原則」からの逸脱という意味を持っています。しかし、他方では、現存の国民国家は「逸脱」を支配原理に組み込んで支配するような国家なのです。この「逸脱」なるものも「近代」の支配様式の一要素、一側面であり、「現代」における支配様式にかなっています。しかし、「法定」が個人の自由の領域を侵犯する限り、これに対抗せざるをえない。この場合の批判的対抗軸としての思想的、論理的根拠を何処に求めるのか。これは、国民国家と公教育そのものに対抗しうる思想性において問われてよい課題なのです。

（8）今回の「改正」「改悪」への反対論は、日本近代国家の成立以来、とくに戦後の教育目的の「法定」がもたらした歴史的負性（国民国家による思想的、精神的、心理的およびイデオロギー的呪縛）に対し、どのような態度をとろうとしているのか。すくなくとも現行法を守るべき価値として擁護するということでは、今日的課題から見て決定的に不十分です。というのは、第一条による「目的」の「法定」は、それ自体、第一〇条の規定する「不当な支配」にあたる、そう言えるからです。戦後日本の教育政策は、まさにこうした

「不当な支配」を「正当な支配」に置き換えていく法的仕掛けのもとで展開されてきたのです。しかし、この構造は当初から権力によって自覚されていたわけではありません。そのことを教育の戦後史は刻まねばなりません。わたしたちは、そのような認識を迫られています。すなわち、「法による支配」を「正当な支配」と見なすのであれば、「一条」に基づく「法の執行」としての教育内容行政は、「正当な支配」の名の下に学習指導要領、教科書検定などを正当化し実効化してきたとなるのです。学習指導要領の法的拘束性の有無、大綱的基準説の是非をめぐる論議は、様々な教育裁判を通して「不当な支配」を「正当な支配」として変換させ、公認させていくような、いわば「政治的儀式」の役割を果たしたのであり、そう言えるのかも知れません。このことは権力により強いられた裁判を、やむを得ざるものとして引き受けてきた当事者たちの闘いの意味を軽視するものでは決してありません。むしろ、それらの闘いの歴史的意義を再定位するものです。

(9) 以上のことは、戦後公教育に対する批判を「不当な支配」とともに「正当な支配」そのものへの批判として提起させることになったのです。すなわち、「逸脱」を前提とした戦後教育体制は、教育を内と外に区別し、内たる教育内容への国家関与を退け、教育に自主性、自由を保障させるという、いわゆる「内外区分論」による対抗図式を、法解釈論として主張させたのだ、そう言えるかも知れません。つまり、「逸脱」が「内外区分論」的思考をつくりだしたということになります。にもかかわらず、教育基本法体制に対して、このような観点に立つ公教育批判が明示的になされることはなかったのです。したがって、問題は法解釈をめぐる位相での闘いを超えて、法規範によって制度化されてきた公教育の現実への闘いと変革として問われることになります。

わたしはこれまで一貫して「憲法・教育基本法体制」を相対化させ、批判的な検証の対象として捉え、この体制の歴史的限界を指摘し、その変革を目指す思想的理論的な検討作業を自らに課してきました。にもかかわらず、いま言及してきたような認識と文脈のもとで明確に問題の所在を自覚していたわけではなかったのです。

今日の教育基本法「改正」をめぐる国家戦略は、わたしたちに日本近代公教育の歴史総体に対峙するように促しています。そうであるかぎり、それに対して「近代」の思想、理念、原理にのみ拠り所を求めるわけにいかないのは当然です。

(10) 教育基本法の第一条をめぐる問題について、これまで目にした中で見識を持って批判的に論及している指摘をここにあげておきます。『社会教育の終焉』(松下圭一、一九八六年)はその序章において、上述したように、敗戦後の政治状況において教育基本法が、「『教育勅語』の破綻による思想真空の出現を恐れた」支配層の思惑によって制定された事情にふれています。そのうえで、「天皇ではなく、国会となったにせよ、国家ないし政治が教育の〈制度〉どまりでなく〈内容〉までを決定するのである」と述べ、「国会による法律という形態をとるにせよ、教育理念を決定しうるのかという根本問題にぶつかることになる」

と問題の要点をついています。問題は、「未成年者」のみでなく社会教育の対象である「成人」にも拡大し、教育理念（教育目的）を適用させてきたことにあり、これは「国家が教育の主体として再生」したことを意味するものであり、教育は国民全体を対象とする（官治性・包括性）、教育には原典が必要であり国家ないし政治が決定できる（官治性・無謬性）ということだとしています。この「日本型教育発想」から、当時文相となった田中耕太郎をはじめとした日本型国家主義リベラリストたちは自由でなかったというわけです。教育目的の対象を国民全体に向けているということも、第一条問題にとって欠かせない点です。

これはひとつの見識として銘記しておくべきです。ただ、問題を「日本型」として特殊化してよいかどうかということは残ります。

以上が、わたしにとっての「第一条問題」であります。

なお、「第一条」自体が「不当な支配」に該当することに対しては、憲法の諸原理、個人の尊重、基本的人権など憲法規範に基づく法律への批判はありうることです。憲法原理もまた「近代法」である以上、一定の限界を有し、その制約から自由ではないのですから。当初、「近代」からの「逸脱」論に対し「近代」を対置すると論じているのに止まっているのではないか、と指摘されました。それは憲法規範が内包する近代主義の問題性に対して明確な批判的言及がされていないと見なされたからです。その点の不十分さがあったことは否めません。もちろん、人権、教育を受ける権利、自由、平等などの概念は、権利主体として想定された個人、自立や自律した人格としての個人を想定したうえでの人間観を前提としており、それはこの近代的性格とともに批判に付されてきたものであり、わたし自身、そのような批判作業を目指してきたものの一人であります。そのことを踏まえたうえで、法解釈論として戦略的、戦術的に憲法規範を解釈してきました。実際、各種の法律と教育基本法との関係においても整合的でなく矛盾関係におかれているという場合があります。たとえば、学校教育法第二三条は「親の就学させる義務の猶予・免除」を規定していますが、それは憲法第二六条の「教育を受ける権利」に違背するもので違憲であると見なされてきました。それゆえに、教育基本法第一条が第一〇条違反、つまり「不当な支配」に該当すると捉える論拠を「憲法」規範に求めることもありうる。あえてそのように言っておきます。

問題は、国民国家における公教育の特殊歴史概念である国民教育の現実をどのように変えていくのか、その法制的枠組みである「憲法・教育基本法制」を批判し、それに代わりうるあり方をどのように構想するのか、ということになるでしょう。

まさにグローバル化の進展する事態において、ローカルやナショナルにおいて対抗するのではなく、対抗的なグローバリゼーションにおける教育構想はいかに可能か、そのように問うことにおいてだと、わたしは思います。あえて「第一条問題」を提起しているのは、こうした見方と立場からです。

先回りして言えば、コンドルセは今から二世紀以上前に、鋭く洞察しています。公教育を制度化し教育を普及させるのは、じつは将来において公教育を「無用」にするためにこそ提起されたのだと。「公教育の思想」は「公教育を無用にする思想」なのだ。探求されるべきは、この「無用」に至る思想と実践である。そのような公教育批判のラディカルな思想的営為において、「憲法・教育基本法体制」が問われているのだと思っています。

なお、自由を侵害する公権力への深い疑念と不信が、この公教育の思想家を際だたしめています。教育の目的に関するその見解は、先にふれた憲法と教育基本法との関係、それらと教育の目的をめぐる論議に対してきわめて示唆的であり、今日においてもその意義を失っていません。なお、コンドルセは啓蒙思想家であり、理性と普遍的な精神の進歩、真理と正義を信奉した近代思想家です。その近代の思想的な限界を踏まえても、「無用」を説く洞察力はいささかも価値を失っていません。

(二〇〇三年一二月)

「もしも憲法を、普遍的な理性の原理に一致する教説として教授しなければならぬと考えるならば、あるいは国民をして憲法を批判することを不可能ならしめるような盲目的な熱狂を憲法のために鼓舞しなければならぬと理解するならば、またもしも、『諸君が崇拝し、信仰しなければならぬものはこれである』と国民にいうならば、その場合には、一種の政治的宗教が創設されようとしているのである。それは精神に対して鉄鎖を用意するものであり、憲法を大切にすることを教えるという口実のもとに、最も神聖な権利の中なる自由を侵害しているのである。教育の目的は、すっかり完成している法律を人々に称讃せしめることではなくて、この法律を評価したり、訂正したりする能力を人々に付与することである。……

……一国の憲法が良識や正義とまったく相反する法律を包含することもあり得る。これらの法律は、混乱の際に立法者の手から抜け落ちたものであり、また雄弁家や党派の影響で、また大衆の激昂の圧力で一時的な必要性という誤まれる見地から立法者に鼓吹されたものである。……

……それゆえ、人々が服従しなければならない公権力の実際の意志とはちがって制定された法律を教えることは馬鹿げたことであろう。そうでないとすれば、われわれは矛盾した原理を真理として教授せしめるというこっけいな事態に当面することになろう」。

（コンドルセ『公教育の原理』松島鈞訳、明治図書、四二一～四三三頁）

## 三　教育基本法「改正」を歴史的文脈の中でとらえる

### （1）歴史のなかの〈内と外〉を超える

前記したように一八八九年、一八九〇年の大日本帝国憲法と教育勅語の関係において問題とされたのは、国家の価値と教育の目的、あるいは法と内心の自由との関係についてでした。この問題は一九四七年、一九四八年の憲法と教育基本法との関係において、教育勅語の影響を払拭し、教育を「民主化」するという理由で、教育目的の「法定」を認めることによって、かつて井上毅が説いた「法」による「内心の法定」の回避を「民主的・啓蒙的」な形で否定して

「内心の法定」を実現してしまったのです。これを良心の自由、内心への侵害の禁止という近代原則からの「逸脱」と捉えるならば、教育基本法の立法者精神の「主体」および制定「主体」はこの「逸脱」への共同正犯の当事者であり、いわばこの「逸脱」に関与したものたちの連合が戦後教育の歴史の隠れた真の「主体」であったと言えます。そして今回の「改正」は、戦後六〇年を経て、教育基本法体制下で着々と進められてきた「国を愛する心」とか「郷土を愛する心」といった「徳目」を国家の価値として諸個人に受容せしめるものです。これは法と内心の自由との新しい関係を、国家を中心としてというか、国家を円の中心として作り上げようとする意図によってなされていくものです。それは「日本近代教育一〇〇年の総括」として国家の側から仕掛けられた戦略であり、それが強行されようとしていると考えています。

このような見方に対して疑問が出されるでしょう。それは、すでに言及してきたように、「近代原則からの逸脱論」においては、実現されるべきものは「近代原則」であったが、現実として実現されたのは「逸脱」としての「近代ならざるもの」=前近代もしくは非近代ということになり、課題は依然として「未完」の「近代」を実現するということになるのだろうか。それこそ、自立した個人の「内心」とこの「内心」を侵害する他者=国家、権力の二項的対立を前提とした近代主義の立場ではないのか。この点について、わたしの認識をあらためて提示しておきます。

憲法・教育基本法体制は、基本的には権利義務関係を基礎とした近代法制ですが、近代原則の根本原理（内心の自由への権力［法律・国家］による侵害の禁止）への抵触を内包して制度化されたものでした。この一点をもって、従来の近代法制観が否定されるものではありません。問題は戦後公教育体制が「教育目的の法定化」という「逸脱」のもとで成立、展開されたという事実であり、この事実の意味、重要性が不問にされてきたという点にあります。

この「逸脱」というある種の「共同犯意」＝「黙契」は、為政者の側からすれば、教育勅語の影響を払拭するという理由によって正当化され、かつて帝国憲法と教育勅語の間に引かれようとした一線をなんなく踏み越えて、内心への国家支配の基盤を手中にしたことを意味しました。他方、戦後民主化論に立つ側は、教育目的の「法定」が「内心」への侵犯にかかわることだと認めつつ、「民主的国家」を教育者として民衆を啓蒙するという方法に期待することで、「内心」を「国家」にあずけるという選択を是認したことを意味しました。これは、近代原則の是非、賛否、肯定か否定か、もしくは擁護か否かを問うレベルにおいてではなく、個人の内心なる世界と国家・権力との間をどのような関係として構築するか、そのような問題として考えることではないか。社会的現実は、近代化の過程が同時に脱近代や超近代あるいは非近代、前近代をも包摂しつつ進行してきたことを示しています。「逸脱」は戦後国家のありようそのものを問うものです。

つけ加えておくならば、内心の自由論、良心の自由論は、個人の「内部・外部論」にしても、内面を侵犯する「外部・権力」から擁護されるべき「内心」の問題でなく、侵犯する外部者の言動・行為に対する「内心」の外部化としての言動・行為の承認の問題だということもできます。諸個人の関係世界を内面化して、「心」の問題に封じ込めていく心理主義は、近代の内外論の帰結と見なされてきたとおりです。

以上のようにみるならば、「改悪」だから反対であるという次元さえ超えて、国家と教育との関係、新たな国家構想のもとでの支配の構造にかかわる問題として捉え、国家と教育の「新体制」に抗しうるような認識において、論議を深めることが必要だと考えます。

（2）私たちの課題はそれでは何か

前記してきたとおり、第一に、現在、進行中の国家の政治的戦略は歴史的に破産証明された「帝国憲法＝教育勅語」による良心の支配という国家主義的教育構想の現代版を「再現」しようとしている、という基本認識が必要です。いま、国家の側において、それが自覚的に認識されているかどうかはさしたる問題ではありません。

第二に、この「構想」を実現しようとする支配「ブロック」が、基本的には、憲法＝教育基本法の枠組みを解体して行こうとする「新体制」派の登場を意味しており、この背景には、伝統的「教学派」の支持基盤である神社本庁が控えています。

こうした「新体制」構築という国家戦略への対抗は、とりあえず「憲法＝教育基本法」の養護に求められますが、それは国家主義に対する個人の尊重という対抗軸、あるいは国家主権に対する基本的人権という対抗軸の設定といった「近代主義」の枠組みの対置ではすまないものです。なぜならば、この新たな戦略の布置は、近代主義的図式による「伝統回帰＝復古反動」に対する「憲法・教育基本法＝改悪」反対では括れない構造と性格を帯びて現出しているからです。それは、立憲制と近代天皇制という日本近代の天皇制国家、およびその解体＝構築である象徴天皇制と立憲民主制という戦後国家のいずれとも異なる政治支配の新しい形式と性質において捉えられる必要があるからです。

その第一は、この新たな国家構想は、グローバル化のもとで、戦後国家の「半国家」性を形づくってきた日米安全保障体制から自立した核武装国家への内的衝動に突き動かされています。

第二は、政治的国家と市民社会を貫通する、権力の新しい管理のあり方の浸透であり、それはこれまでのフーコーのいうところの規律型支配における生―権力の作動とは異質な管理体制を基盤とする国家構想であらざるを得ないからです。こうした新しい質を帯びた現前する「社会体制」は、じつは、その政治的枠組みを「憲法＝教育基本法体制」の中で培養されてきたものであり、その新たな「枠組み」も既存の「体制」に補完されたものにほかならないものです。

この新「国家構想」は、「半国家」から「完全国家」へと脱却するために、軍事的な「主権」国家となることで、自国の歴史と伝統文化にいかような態度をとっても、外国から干渉されないことを「宣言」し、それを認めさせようとする衝動にまとわりつく権力群に包囲されているようなそれであります。

日本の侵略戦争による死者たちの「追悼」をどのように行うか、そのことをアジア太平洋諸地域の民衆と国々からなんら干渉されるいわれはないとする確信的政治行為、靖国神社公式参拝行為が挑発的に繰り返され、この政治パフォーマンスにたいして、これを無効にしうるような民衆的行動は、日常性における管理の新しい方式のもとにおかれる事態を生み出しています。

ここに至って、「象徴天皇制＋立憲代議制」たる戦後国家の果たすべき戦争責任・戦後補償を履行しないまま、またそれらの責任を放棄したまま憲法を「改正」し、また教育基本法をも「改正」させてしまうならば、「憲法・教育基本法体制」が負うべき歴史責任は果たされないままになってしまいます。それを認めることはできません。

以上のような文脈において「改正」に反対するということは、「逸脱」を前提とした戦後民主主義もしくは戦後民主教育をあらためて批判的に検証し、戦後教育なるものを再審するという意味をもっています。

## 四　『改正』反対論」―「内外区別論」を検証する

教育基本法の「改正」反対をめぐる論議において、いわゆる「内的事項・外的事項区別論」的な見方に基づく批判がくりかえされています。この「区別論」をめぐる論議は、すでに一定の決着もなされてきたとする立場もあります。「改正」に反対していく論理として、いま、どのような意義と有効性があるか、ここで検討しておくことにします。

「答申」は、「必要な諸条件の整備」には「教育内容等も含まれることについては、すでに判例により確定していることに留意する必要がある」としています。この見方に対する反論はつぎのようなものです。

第一は、教育基本法の第一〇条には、教育行政は「教育の目的を達成するに必要な諸条件の整備」を行うと規定している。にもかかわらず、「答申」は条件整備行政の域を超えて、「教育内容等」もその対象として関与、介入していいのだという。

第二に、こうした見解は「無条件に」教育内容への介入を正当化し制度化するものであり、介入の実態を既成事実として正当化させるものである。

第三には、このような事態は、第一〇条の「不当な支配」にあたるものであって、「教育内容等」の「内的事項」への国家、行政権力の介入を批判する「内外区別論」をもって批判しなければならない。

これはよく知られているように、「公の支配」の対象を「内外」に区別することで、「教育」への国家介入を否定する見方です。

国家、公権力による支配、干渉から、「教育の自由」「教育の自律・自主性」あるいは「教育の独立性」をいかに確保するかという問題は、戦後早い時期から、公教育のあり方をめぐって問われ続けてきました。公教育の組織主体として国や公権力があるかぎり、「法に基づく」公的支配が教育全体に及ぶというのは避けがたいことであり、実際そのようにみなされてきました。国家に教育の保障義務を負わせながら、他方で「支配」の禁止を求めること、その双方を同時に両立させることは果たして可能か、という難問の前におかれることになります。こうして考案された考え方は、公権力、国、教育行政機関が果たすべき義務に対してその権限については、これを外的事項に限定して、教育内容には押しおよぼさないとするものでした。

すでに論及してきたように、このような論法は、教育を「知育」と「訓育」に区分し、公教育を前者に限定する、たとえばコンドルセの公教育論などに由来するものです。「内外区別論」は、教育を受ける権利を、いわば、「内外」の区別なく保障するための行政作用（公的支配）の行使を前提にしたうえで、教育内容への公的関与のあり方を問題にするものです。学習指導要領に国家基準をもうけるべきか否か、基準は大綱的にすべきか否か、教科書の検定および基準は必要であるか否か、「日の丸」「君が代」指導は強制そのものではないのか、「心のノート」は日常的に子どもたちの心を管理し方向づけるものではないのか、内心の自由に対する関与の有無をどのように認否すべきであるのか、などをめぐるこうした論議は、ほぼ裁判での法解釈上の争点になってきたことがらです。

このように「内外区別論」は教育行政の権限行使と対象領域の確定に関する論議として展開されてきたものです。しかし、基本的にはそれは、公教育における個々の子どもたちの価値観の形成、良心形成の自由を含む内心世界への公権力の干渉の禁止、両親権としての教育の自由、さらには教師の権限の自律性と専門性および基本的人権たる内心の自由の保障などを目的に説かれてきたものです。

再記すれば、この区別論は公的支配の対象を内と外に分けて、もしくは内的事項と外的事項に分けねばならないとした上で、公の支配を「外部」に限る論法であると言えます。しかし実際には、内部を外部から保護、防衛するというために考案されたとしても、公権力の側にとっては、つぎのように、つまり内部の外部化、内心の外部行為化については一定の制約のもとでのみこれを承認し、原則としては境界線によって内外を遮断し、内部をそこに押し込めることで、内部支配をおこなう方法として利用されてきたのです。教育基本法第一〇条は権力の不当な介入を禁止する万能の論理ではないし、区別論はこうした両側面をあわせもっています。

たとえば、『教育行政学序説』（宗像誠也、一九五四年）の著者は、「アンチ教育行政学」を唱えていましたが、同書において「実際、今日どんな国でも、教育行政がただ外的事項の範囲に属する条件整備のみを引き受けて、内的事項には統制を及ぼそうとはせず、教育内容について完全に自由放任を許しているところはあるまい」（一一頁）と述べていたのです。もちろん、これは前世紀半ばにおける事実認識として当然のことに触れているに過ぎないのですが。

こうしたことは「日の丸」「君が代」の強制をめぐる事態の推移にともなう政府、行政当局のご都合主義的な発言にあらわれています。

「子どもの権利に関する条約」（一九八九年一一月二〇日、第四四回国際連合総会採択）の第一四条は「締約国は、子どもの思想、良心および宗教の自由の権利を尊重する」と規定しました。

日本政府は批准後、「公布」（一九九四年五月二〇日」）の際に文部省事務次官通知において、「義務教育学校における『国旗・国歌』の指導は、国民として必要とされる基礎的・基本的な内容を身につけるために行うものであり、もとより児童生徒などの思想・良心を制約するものではない」したのです。

自民党・社会党連立政権「政府統一見解」（一九九四年一〇月一三日）はこうでした。学習指導要領により入学式・卒業式での「国旗」の掲揚、「国歌」の斉唱は「指導するもの」であり、「このことは児童生徒の内心にまで立ち入って強制しようとする趣旨のものでなく、あくまでも教育指導上の課題として指導を進めていくことが必要である」としています。

国旗国歌法の制定（一九九九年八月九日）後の文部官僚の「見解」ではこうなります。「内心の自由は内部にとどまる場合は、絶対的に保障されなければならないが、外部的行為としてある場合は、一定の合理的制約を受けることになる。これは憲法解釈の通説である」。

この最後の「憲法解釈の通説」は通説ではなく行政解釈に過ぎないのですが、この理屈はその後、行政当局の「行政実例」として活用されていきます。ここにも「区別論」の行政的使い分けを見ることができます。また、この間の教員処分事件では、「国歌斉唱時には心をこめて歌う」は校長の職務命令である（北九州市）となりエスカレートし続けています。そしていまや国旗に敬意を表すこと、「君が代」を「心をこめて歌う」ことを命令するだけではない現実を知っておく必要があります。

卒業式当日、「リボンを衣服に着用するなど反対の意思を表明した」ことが「職務に専念する義務に違反する」として国立市の小学校教員に文書訓告（行政措置）の通知がなされています（二〇〇〇年八月二二日）。その後、「処分権者」である市教委は、「校長の職務行為（国旗掲揚行為）に反対するリボン着用」は「校務遂行上、全精神を職務に集中していなかった」ことを意味するとしました。前代未聞に属する「精神的」職務専念義務違反を処分事由とするに至っています。「リボン着用」という行為は、専心すべきこと以外の内心を表明する行為であり、心の内部では専念すべきことをしていない、別のことを考えている証拠だと推知して、その表れにちがいないと専断するものです。

職務専念義務とは精神を職務に集中することであるというのです。心で何を考えているか、その自由さえ奪おうということになります。これはもう、「精神」の退廃と疲弊のきわみというべきものであり、わたしたちは時代が抱え込んでしまったこの負荷にどのように対応したらよいのか、あらためて問われていると思います。ここではもはや内外の区分は消失せしめられ、外部行為はその外部行為によって責を問われるという以上に、内部を支配するために公然と使われる状況に至っているのです。

これはまさに「精神の戒厳令」というべき時代状況を映してあまりあるものです。

以上に見てきた文脈を踏まえると、問題の所在は、教育基本法第一〇条に規定する「不当な支配の禁止」に基づき教育内容、内心への侵犯を批判するという戦後つくられてきた、区別論をふくむ構図が教育基本法第一条による教育目的の「法定」を裏づけとして、教育内容への関与を「正当化」することで、実際的な意義を失なってきたという点にあります。このようなわけで、第一〇条と「内外区別論」をもって第一条を根拠とした教育内容への公的支配およびその結果である教育をめぐる支配的な現実を批判することはできないのではないか、そのような見方をわたしたちに求めるものです。

## 五 「改正」に反対する立場性をめぐって

しかしながら、教育の内容・価値への国家介入を批判し反対する論理として、「内外区別論」的な見方は、いまなお人びとの考え方に根強く影響をあたえています。それだけに「日の丸」「君が代」の強制、「心のノート」による道徳教育などが、国家、公権力による個人の良心の自由、内心の自由を侵害するものとして人びとを支配している現実において、わたしたちは、それらの自由を侵犯する公権力、国家、行政権力の介入をどのような論理で批判しうるのか、それが問われているのだと思います。

第一に重要なことは不当かつ違法な処分に対して、その不当性、違法性を問題にすることはもちろんですが、それ以上に大事なのは「公的」かつ「正当な」支配そのものに対抗しうる論理と思想を手中にしていくことにあります。それは近代の二項対立的な「区別論」とはちがう方法によって可能となるものです。

実際、内部と外部とを分かつ境界線は、さまざまな社会的もしくは政治的な支配と管理の必要から引かれてきました。「わたくしごと」と「おおやけごと」、私事性と公共性は、日常生活における家庭の内と外、内面世界と外部行動、良心の自由と表現の自由、政治と宗教（政教分離あるいは一致）、民間と官界など、それらは場所や空間、もしくは関係において、人びとを分断、排除、包摂していくような機能として作動してきたわけです。たしかに、境界線は内部を外部による干渉から守るのだとした場合にも、じつはそれ自体が内部への支配のあり方なのだととらえるべきでしょう。

いずれにせよ、言われるような「徹底的国家介入の現実」は、ここでも「公的かつ正当な支配」およびそれがともなう「不当な支配」によって生み出されたものと言うことができます。この「現実」は教育基本法の法的枠組みのもとで生み出されてきたものにほかなりません。したがって、公教育の現実への批判は、教育基本法第一〇条に依拠して、「内的事項」への国家関与の禁止論によって行うのではなく、「正当な支配」に基づく公教育それ自体がつねに不当性をともないつつ教育支配の現実をつくりだしてきた構造総体を批判し、その現実を変えていく観点から問題をたてていくことだと思います。依然として課題は近代公教育への批判とその変革にあります。

第二にわたしたちに問われている重要なことは、学校の現実に対してどのような態度をとったらよいか、ということです。ここでいう「学校の現実」とは、一九八五年、当時の高石邦男文部省初等中等教育局長による「日の丸」「君が代」徹底通知以後、この二〇年間にそれらの実施率が〇％であったところを含めて、いまや全国的には一〇〇％になっているということを指しています。それは実施率の状況というより、その強制のもとで反対の気持ちを抱きながら行政当局を後ろ盾にした校長による専権的な職務命令体制あるいは脅迫的な処分行政によって意に反した生き方を強いられている多くの教員たち、指導という名の強制によって斉唱・起立・敬礼などをさせられている子どもたちの存在を想定させるものです。

どうあっても権力の意志に服従させようとする事態のもとでわたしたちにできることは何であるか、考えてみなければならないでしょう。

かつて「京都『君が代』訴訟」（一九八七年一月〜一九九九年一月）において、原告のひとりとしての立場から鶴見俊輔さんはつぎのように書き記しています。

「君が代」強制に反対する運動は、二つの難題をかかえている。ひとつは、もはや大勢はきまった、その大勢になぜさからうのかという判断が、ひろく日本人の間にあることだ。／これに対して、たしかに大勢はきまったと私は思い、この状勢判断には同意する。一九四五年にくらべ、一九六〇年にくらべ、日本の大勢が国家主義のほうにきまったという判断は動かしにくい。この判断をうけいれるとして、自分がどう動くかという問題が私（たち）に問われている。

（『資料「君が代」訴訟』緑風出版、一九九九年、一〇六〜一一〇頁）。

大勢が決まれば、その方向に同調して生きる道を選び、大勢がかわればまたそれにあわせて身をゆだねる。そうではなく、こうした状況におかれたとしても、大勢に身をまかせるのでなく、「いくらかの原則たてて異議申したてつづける」ことに意味があると言う。

二つ目の難題はこうです。

さまざまな権力批判の運動が、「自分たちの内部に『君が代』斉唱に似た姿勢をもっていたこと」で「強制」反対の運動をひろがりにくくしてきたということだ。この難題にとりくむことが「私たちの仕事の一つとしてのこる」のだと語っています。これはわたしたちに対するよびかけであり、この二つの「難題」にとりくむことを共有しえるだろうかという問いかけでもあると思います。これはもちろん、「君が代」強制反対の問題に限らない、運動のあり方全体にかかわっています。

わたしたちに問われている第三のことについてふれてみます。

あえて言うならば、これは三つ目の難題ということになります。戦後、政府・文部省は学習指導要領、教科書検定など教育内容への「不当な支配」を積み重ねてくる一方、これを批判する運動側は、教育基本法第一〇条を根拠に教育内容への「不当な支配」として批判するという構図がつくりだされることになったわけです。裁判などにおいて行政当局が指弾された「不当な支配」の正当化が、第一条によって「公認」されていると受けとったとしてもおかしくないことです。この不当な支配を正当な支配として公定するところに教育基本法の基本構図があることをとらえそこねて、内外区別論的な見方で公権力による内的事項、内心世界への介入を批判しうるという認識と意識が運動側をとらえてきたといえます。こうした構図が、これまでに何度か意図とされた教育基本法の「改正」に際しても問題視されずにきたこと、それが「改正」問題を含めて国家主義的な方向へとむかう流れをつくりだし、大勢はきまったという事態と判断をもたらしてきたのではないか。

この状勢の中でどのようにふるまうのか、これはわたしたちがかかえこんだまさに〈難題〉であり、問われていることであります。気づくのが遅すぎたとはいえ、この難題をわたしたちは引き受けざるをえないのだと思います。これは現にある公教育のありかたをラジカルに変革させていくことにほかなりません。

わたしたちの住む社会は、個人と個人、自己と他者の間の無数の関係の糸を重層化し、縦横無尽のつながりの結び目として諸個人をとらえ、そのような存在としてひとりひとりが、固有な価値の担い手であることを承認しあうあり方、価値多元的な共同社会であることを認めて、まずはそのことを共有していくこと、それを可能にしうるか否か、そうした試練のもとにあるのだと思います。

現在、グローバルな規模で諸々の境界が崩れ去っており、規律型支配を支えていたさまざまな制度によって成り立っていた国民国家の境界もまた衰退し変容し続けている。世界市場の実現に向けた資本のグローバル化の運動は境界の消失を埋め合わす新しい管理社会を形成しつつあり、かつてないような人を支配し管理する方式をつくり出しています。公教育の現実に対する批判と対抗原理もまた、このような事態のなかで新しい教育構想の探究として問われつづけるに相違ありません。

まさに不分明な時代を生きざるをえないわたしたちにとって、それはなお前途遼遠だとしても、公教育を無用とするような社会の到来に向けた、ひとつの可能なる方向として位置づけてみるということではないかと思います。

教育基本法の「改正」をめぐって、わたしたちに問われているのは、同時代に対する歴史認識、時代に対する批判精神であり、それを踏まえた所与の教育体制を変えていく方途であり、教育基本法の諸原理・原則にかかわる論理と思想なのだ、そう思います。

しかし、だれもがいまそれを明確な輪郭で指し示すことができるわけではありません。問題は不分明な時代における不分明さの拠ってくる根源に向けた問いをわたしたちは共有しつづけることができるかどうか、それを問われています。

（二〇〇四年三月）

# 国家による心の支配の時代

## 教育基本法改正がめざすもの

　愛国心が教育目的の基本に置かれるような時代にいる。国が『心のノート』をつくり、それを子どもたちすべてに送りつけ、心の成長が辿る一本の道の先に愛国心が据えられている。国を愛するかどうかは個人の内面に属する心の領分のことであって、国や学校が関与すべきことではない。しかし、こうした見方にはもうお構いなしである。時代の勢いが加速している。

　先だっての中央教育審議会の中間報告（二〇〇二年一一月）で教育基本法の改正の方向が明らかになり、それに対して批判や反対が表明されてきた。端的に言えば、「報告」の基調は教育の基本理念を根本から転換させようとするものだ。郷土や国の伝統、文化の理解と尊重を通して国を愛する心を教育の基本理念に置こうとしている。日本人としてのアイデンティティの形成はグローバル化が進展する国際社会への対応である。他方、「公共」の精神、道徳心、自律心の重視は社会内部に進展する階層分裂がもたらす対立・不安・葛藤を規範主義によって決着させようとするものだ。それらは国家の内と外へ愛国心が向かうベクトルを示している。「個人の尊厳」「真理と平和」「人格の完成」などの理念は維持するといっても本筋に支障がないから触れないというに過ぎない。要は個人の尊重から国家への一体感へ、個人原理から国家原理への転換にある。いうまでもなく教育をめぐる社会内部での利害対立の多くはその〈わたくしごと〉性、個人主義に根ざしている。一方、人々を統合・排除する原理として国民主義がある。教育基本法は個人原理と国家原理をメダルの表裏の関係としている。「改正」が目指しているのは国家主義、国家原理への重心移動である。

学校は「知・徳・体」の教育を行う場だとされる。「問題行動児」に対しては厳格な規律主義で対処して排除し、逸脱に対しては学校秩序への順応を強制して包摂を図り、教員については国・公・私立の区分をなくし使命感を担う特定の身分としての位置づけを図る。これが「報告」の学校観である。愛国心をもつ日本人の育成を目的とする学校・家庭・地域社会三者の「教育共同体」の創出、いいかえれば地域ぐるみで子どもを監視し育成する翼賛・総動員体制というべきものだ。公と私、個人と国家、国民と国家、権利と義務、自由と平等など公教育の構成原理が国家、公および義務を基本として再編成され、国家的な教育のあり方がデザインされている。近代以降、産業社会では学校は国家による人材配分機構であり、職業構成・社会階層の再生産機能を果たしてきた。「報告」は特に職業観・勤労観の育成に言及している。分に応じたあり方を説くものだ。

「報告」では教育をめぐる人権の主体としての個人、子ども、教員、親の位置づけが全く欠落している。もちろん、教育をめぐって子どもと教師、教師と親、親と親の間などで権利と権利の衝突がある。諸個人は多種多様な主体位置を引き受け、自己内部でも、また相互に対立し、矛盾し合いながら、その現実に向き合い、時間がかかっても試練を超えようとしてきた。いじめ、不登校など、葛藤や相互不信を前にして人々は立ちすくんできた。それは国家によって片をつけられる類のものでは決してない。教育基本法はこうした問題解決のあり方を保障してきたわけではないが、そうしたことを試みる余地を残してきた。改正はその可能性さえ奪ってしまうことになるだろう。

戦前・戦中の国家主義・全体主義への回帰だとする見方がある。回帰であり反動とのみ見るのは、事態の認識を誤り、改正に反対する力を削いでいくことになる。いま学校を支配しようとする公権力の欲望は、教育のあらゆる領域に、かつてなかった新しい管理の方式を持ち込み、市場原理、学校選択、自己申告制による人事考課、評価管理などの方式を「愛国心」教育と一体化させようとしている。このような教育現実への対抗原理を教育基本法に求めることはできない。それらは教育基本法の所産でもあるからだ。価値多元化社会における差異の相互承認と自由の尊重、共生に向かう寛容さを通して、現実を変えうる方向を探求したいと思う。

「期待される人間像」から始まり、国旗・国歌法さらに有事法制に至る事態の進展は、グローバル化された国際社会における日本国家の像とその輪郭を明らかにしつつある。『心のノート』で子どもたちを愛国心に導くのだといってはばからない公権力の登場もその一環である。

不遜な権力が生み出されている。

憲法と教育基本法はその精神と理念を共有していると言われてきた。その理念にもかかわらず、日本が行った戦争に関して、アジアの民衆から問われてきた天皇の戦争責任の明確化、戦後補償の履行など、いまだに果たされないままである。そのことを棚上げして憲法、教育基本法をお蔵入りにさせるわけにはいかない。それらが負うべき歴史責任を実行することが、いずれの場合にも前提である。

（二〇〇三年一月）

# 教育基本法「改正」反対の立場をどこにおくか

## 「教育と国家──一〇〇年の総括」の観点から

### 一　近代法としての教育基本法

小田原紀雄　ご無沙汰しております。お書きになっているものについては気がつく限り読ませていただくようにはしているのですが、このところすっかり出不精になりまして、お目にかかるのは久しぶりです。岡村さんもご存じのように、わたしども「靖国・天皇制問題情報センター」では月刊で「日の丸・君が代No!通信」というものを発行しています。ここで昨年から「教育基本法改悪がなんぼのもんじゃ　蹴っ飛ばせ現場から」というインタビュー・コーナーを作って、現場の教員にわたしが担当してインタビューをしているのですが、正直なところ二~三人の方を除いてあまり面白くありませんでした。今、学校現場が抱えている問題などについてはリアル且つ個性的に語っていただけて、いろいろ教えられることが多いのに、こと教育基本法の問題になると、とたんに紋切り型になって面白くない。面白くないという理由は二つあって、一つは、実は教育基本法について日常的に意識したことはほとんどなく、組合が

「教育基本法改悪反対」と言っており、愛国心の涵養とか日本人意識の注入とかとにかく学校がとんでもないことになってしまうらしい、という反応が返ってきます。わたしにすれば、じゃあ今の学校はとんでもなくはないのですか、と切り返したくなるのですが、わたしのインタビューに応じてくださる教員は基本的に真面目にやっておられる方ばかりですから、それも気の毒です。日教組が発行している「教育基本法改悪反対」のリーフレットを見る限り、そこには学校の現状に対する反省など微塵もありません。面白くない理由のもう一つは、どなたも実に近代主義的教育観そのものだということです。『現代思想』（二〇〇三年四月）が「教育基本法特集」を組んでいますが、これも、これが『現代思想』かと思うほど素朴すぎる近代主義的立場からの批判です。

今日はぜひ、岡村さんからこの辺りのことについて存分に話していただきたいと願っています。まず最初に、日教組は現行教育基本法を金科玉条のように言っていますが、岡村さんは、今の教育基本法をどのようにお考えですか。その上で、岡村さんは「改正」という表現を用いておられますが、「改正」反対の考えをお聞かせいただければと思っています。

**岡村**　教育基本法も基本的には近代の教育法制ですから、そこに近代的な教育の原理が示されていると捉えるのが一般的です。学会でも六〇年代の終わり頃まではこれを金科玉条のように扱う人々がいましたが、我々の世代、六〇年代末に大学にいてあの闘争を経験した世代にとって、近代批判がいわば思想の核でしたから、教育基本法を普遍的な価値のあるものと捉えることそれ自体がおかしいと考えました。あれは近代的、ブルジョア的権利を規定している法体系であり、それ以上でも以下でもないものとして、批判の対象でした。もちろん、教育基本法が戦後教育において果たしてきた、そして現に果たしている役割については、それはそれとして認めなければならないとは考えています。こうした批判を受けて、と私は思っていますが、金科玉条論に立っていた人たちは、普遍妥当的なものではなく特殊歴史的なものだと見方を変えてきました。この認識の転換は自らの判断だというわけです。しかし、もともとは基本的人権の普遍性を憲法と繋げて理解し、教育基本法を準憲法的なものであるとして、憲法・教育基本法体制が基本的人権、主権在民、恒久平和主義という戦後的な価値を基礎づけしたのだから、これを現場で実践しなければならないとする主張だったのですよ。

ではわれわれはどう主張したのかです。たとえば、教育基本法が規定する教育を受ける権利をすべてのものに保障するという、人権としての教育権の原則は、近代公教育の基本的な前提です。ところで、そこにある「能力に応じて」という規定は差別的・選別的な原理になりうるもので、現実の教育場面において能力主義と結びつく可能性をはらんでいることを見落としてはならないと指摘してきました。また、教育を受ける権利の保障に際して、それは「普通教育」を受けさせる義務を親と国家に課するものだとしたのです。ところが教育基本法と同じ日に公布された学校教育法では「普通教育を受けさせる義務」は「就学させる義務」と言い換えられます。普通教育を受ける権利の保障を現実化するためには、理念を主張するだけでなく、実際に就学できる学校がなければならないので、学校設置義務を行政に負わせたのです。そして、その学校における教育の内容については学校教育法で定め、教育基本法とは別に、親に対する子どもに普通教育を受けさせる義務が、学校教育法になると、設置した学校に「就学させる義務」があるということになっているのです。その時に、普通の小・中学校と盲・ろう・養護学校という学校の種別化が図られ、教育委員会は就学時検診で能力や障害に応じて「就学先の学校」を指定することで、別学＝セパレート・システムをつくり出したわけです。そういうことも、教育基本法それ自体の中に内包されており、能力主義もそこに繋がっています。北村小夜さんは、この点を鋭く突いて、それだけでも教育基本法はおかしいと主張しておられます。

また、教育基本法は第六条で「学校は公の性質をもつ」としていますが、近代社会では教育、子育てはもともと「私事（わたくしごと）性」とされてきましたから、学校の公的性格の裏側には私的で個人主義的な原理が控えており、自分の子どもは親が教育するという「わが子主義」があって、その上で公教育が成り立ってきました。金科玉条論を言う人たちは、子どもの教育に対する親義務が公的に組織化されたものあるいは私事を共同化したものが公教育だというのですが、われわれからすれば、公教育とは一九世紀に成立した国民国家における国民教育であり、国民国家における国民形成を目的としたものであり、いずれも国民統合と不可分一体だという認識があるわけです。資本制生産、産業の必要性に応じた労働力養成という社会的・経済的・政治的要請によるところがあって、親義務の共同化という「公共的」レベルとは異なり、その教育、学校の公共性は国家および公権力の介在、組織化およびコントロールをともなっており、そのような意味で統治機能の一つとして教育システムを捉えるべきではないかと指摘してきました。「公教育は統治行為だ」（河合隼雄）とする見方が批判され問題にされていますが、事実認識として公教育の政治機能を指したものと受け止めれば、為政者側の見方からすれば当然のことといえるでしょう。教育もまた「法による支配」を受け、「正当な支配」のもとにおかれ、権利を保障することを通して教育支配を実現し、支配するために権利を保障するという関係にあります。

教育基本法はそういう見方と接合しており、権力認識を欠いた親義務の共同化論、「称えられるべき諸理念」で総称すべきもの、そうした類の見方で済ませるわけにいかないものです。また「教員の身分は尊重され」るとありますが、これも戦前の国民学校令期になって、それまでの「官吏待遇」から「天皇の官吏」とされた小学校教員は、戦後、公務員としての教員へと身分が変えられ、「全体の奉仕者」性を一方の属性とされ、他方では近代的な専門性を基礎とする教員のあり方として位置づけされます。教職を近代的な専門職性において位置づけようとすることは、すでに戦前期に見られますが、この「専門性」原理は、職の位階制、専門家支配、専門官僚制を呼び込むもので、元来、近代の支配原理ではないですか。近代批判において専門性それ自体が批判対象とされてきたのもそういう意味からです。その点でも教育基本法が内包する近代主義が問題とされなければなりません。

それから、第一〇条の「教育は不当な支配に服することなく」ですが、これは教育基本法の最も大切な原理と言われてきました。教育現実は戦後一貫して不当な支配の累積としてある、こう北村小夜さんは指摘されておられます。実は、あれは建て前であって、教育基本法は「正当な支配」を前提にした上で「不当な支配」を問題にしているのです。それでは「不当な支配」ではない「正当な支配」とは何かというと、これは勅令主義に対して法治主義、法に基づく行政によって行われる教育のことになるわけです。そうすると教育基本法を基礎とする戦後の公教育は「正当な支配」の下において成立している教育であるということになるわけです。ところが公権力というのは常に「不当な権力の行使」をするものではありませんか。確かに「不当な支配」の主体は誰かという場合、一般に戦前の軍部や財閥、国家神道・靖国神社による教育への干渉を問題にした上で、さらにここに官僚・行政当局も入れるべきなのですが、文部省は一貫して、行政は「正当な支配」の主体であり、行政当局を「不当な支配」の主体に入れるのはおかしいという立場をとっています。このことに関係しますので触れておきたいことがあります。

例えば大日本帝国憲法下における一八九〇（明治二三）年に行政裁判法や訴願法が制定されました。それは行政権力が不当な行政処分とか行政行為をした時に、異議申し立てを認めることで、権力批判や行政不信を救済装置を通して体制内に回収するシステムとして用意されたものです。それが「支配の正統性」の証し立てとして機能しました。そう認識されたのです。不当な支配がなされた時、民衆の抵抗を回収する回路として行政裁判が制度化されます。それこそ不当な支配を正当な支配の中に包摂していく装置ですから。だから教育基本法が規定する「不当な支配に服することなく」というのは当然かもしれないけれど、とにかく「不当な支配」そのものが国民国家・近代国家における支配の常道、一環としてあると見なければならないと考えています。大方の意見は、あの条項があるから文部省に対して批判ができたし、教育委員会の不当なあり方を批判する根拠ともなり得たというのです。私も基本的にはそれに異存はないのです。

しかし教育基本法を一つの歴史性を帯びた法制と見るならば、あの一〇条にしても国家統治の全体的な構造の中に位置づけられており、個々の条文についていろいろ解釈がありますが、基本的には教育基本法というのは国民国家、近代国家の下における公教育の法制そのものなのです。「教育は不当な支配に服することなく」というのは、教育は法による「正当な支配」に基づき行われるものであるが、公権力はもとよりさまざま社会的諸権力というのは、元来、法に違背する不当な権力行使をしようとするものなのだ、だから、そう言うことを認めてならない、という理念法的な意味をもつ規定であり、不当な支配が行われたときにどのように「救済」するか、それに触れていないのです。

もちろん、司法的救済に訴える方法はあります。教育基本法が制定された時点では、公務員法上の人事委員会、訴願法に代わる行政不服審査法、行政訴訟としての住民訴訟も制度化されていませんでした。これらも異議申し立てを体制内に回収していく装置、機能という面をもつものですが、とくに行政当局による「正当な支配」としての法の執行に関わる裁量権の逸脱に対して、その不当性を制限する仕組みは用意されることはなかったのです。この点については、第一〇条の二項こそ、教育行政の役割と限界を明示したものである。いわゆる「内外区別論」がそれで、教育行政は外的事項たる教育の条件整備をおこなうのであって、内的事項たる教育内容に関与してならないというものだったのです。

ところが、まさにこの点で、第一条は教育内容行政に法的根拠をあたえる役割を果たし、内的事項を「正当な支配」として正当化するものとなったわけです。もし、「第一条問題」というのであれば、この教育基本法そのものに仕掛けられていた「正当・不当な支配」の構造の問題であり、戦後公教育がこの構造の下で造り上げられてきたことであり、そのことを自覚的に認識し得なかった〈われわれ〉の問題性というべきでしょうか。

以上述べてきた観点からも教育基本法は批判的に克服していく対象であると考えています。「改正」とか「改悪」とかいわれる事態になっている現状況のもとで、歴史的課題としての〈改革〉あるいは〈廃止〉をタブー視することなく、国家の「改正」論とは異なり、〈改正〉〈変革〉の方途を模索しなければならないという発言は、状況を無視したタメにするものだと、体制に利用されるリスクを抱えた主張だと受け取られる向きもあるでしょう。しかし、わたしは教育基本法の諸原理を克服していくことが、依然として歴史的課題であると認識した上で、教育基本法体制をどうとらえるかという建て方をしていかなければならないと思っています。

戦後半世紀を経たグローバル化という教育現実において、差別・抑圧、学力競争、能力主義、「日の丸・君が代」強制による良心の自由の圧殺、教育における戦争責任の不履行、「新自由主義観」による歴史教科書記述の歪曲問題、愛国心教育などがつぎつぎと起きてくる根源には、グローバル化された資本主義社会あるいは日本の産業経済社会が胚胎し、そこから生み出される諸矛盾があって、そこに根ざしているものもあるでしょう。そういう現実を生み出し、また、それを法制的枠組みに支えてきた教育基本法の原理としての「国民教育」は、グローバル化とナショナリズムの相剋、葛藤、対立の磁場でもあって、こうした事態の進展と無関係ではないとする見方をしなければならないと考えているのです。

**小田原**　よくわかります。同じようなことですが、反天皇制運動にかかわって生じてきています。憲法の第一章が天皇条項であることがどうしても許せないのですが、「改憲」勢力が力を強くしている状況下で、天皇条項の故に憲法そのものを批判するのは控えましょうという雰囲気が醸成され、いつの間にかかつての新左翼の諸君までもが「護憲」勢力の一翼になってしまっています。教育基本法も同じことですね。だから常に批判の言葉を発しておかないと、相手の出方によって対応を変えているうちにどんどん後退することになってしまう。

**岡村**　そうですよ。だからわたしは去年（二〇〇二年）の暮れから今年にかけてこの問題について意識して積極的に発言するようにしています。二月の奈良での日教組教研の際の、日教組とは別枠の「自主教研」に、北村小夜さんから誘われたのですが、そこへも行って教育基本法問題に触れて発言すると、何となく場にそぐわない感じがするのです。そもそも教育基本法「改悪」ということに違和感があります。もともと歴史的に特殊な制約を持った法体系ですから、それはそういうものとして扱うべきで、「改悪」というと、善きものが悪くなる、どうしても金科玉条論に陥る危険性を持ってしまうのです。

**小田原**　なるほど。ただわたしどもで発行している『日の丸・君が代Nｏ！通信』は、読者の多数が教員で、日教組の中に残っておられる教員は本当に苦労をしているようですから、その人々への応援もあって「改悪」という表現を採用していますが、岡村さんがおっしゃることはよくわかります。それにしても岡村さんがご指摘になっているような問題に対する認識は日教組中枢の者たちには皆無ですね。どうしてこんなことになってしまったのでしょうか。知の水準で絶望的な気分にさせられます。もちろん運動としても、とても本気で彼らがいうところの教育基本法「改悪」に立ち向かおうとしているとはとても思えませんし。現場の教員も日の丸・君が代問題なら目の前でそれを強行されるのですから、ほとんどの教員はもう唯々諾々と容認してしまっているのですが、それでもまだごく少数の人が抵抗していますが、教育基本法問題となると学校現場で管理職とどうこうするレベルの問題ではありませんから、日教組が総体として反対運動をするしかないのですが、断言しますが、日教組はそういうことをしないでしょう。従って、来年（二〇〇四年）秋の臨時国会あたりで決着をつけられることになるかもしれません。

## 二　教育目的の「法定」をめぐって

**小田原**　運動のことはともかくとして、どうして教育基本法そのものへの批判の言葉を日教組は持ち得ないのか、岡村さんはどうお考えですか。

**岡村**　それを象徴する問題は、すでにお話ししましたが、やはり教育基本法第一条にあると考えています。「（教育の目的）教育は、人格の完成をめざし、平和的な国家及び社会の形成者として、真理と正義を愛し、個人の価値をたつとび、勤労と責任を重んじ、自主的精神に充ちた心身ともに健康な国民の育成を期して行われなければならない」という例の有名な規定です。私の認識と捉え方が正しいかどうか、それは置いておくとして、現に問題になっているのは、二〇〇二年一一月に中教審の中間報告がありましたね。あの時に、臨時委員の市川昭午さんという方がおられますが、この方は教育行政研究の専門家です。彼が『教職研修』誌で副委員長の木村猛と対談をしていて、その中で市川さんは、中間報告まではほとんどまともな論議がなかったとか、官僚が作った作文の追認でしかなかったなどと言っているのですが、重要なのは、改正される教育基本法の中に新しい「徳目」を入れるのには反対であると明言しているのです。それに対して副委員長の木村さんは市川さんに反対であると言っています。これだけ見ると委員会の中に対立があるようですが、市川さんが何を言いたいのかというと、基本的には今回の教育基本法の審議と改正に向けてのプロセスの中で、近代主義の立場から、明治の帝国憲法制定と教育勅語を渙発する際の論議をふり返ってみると、井上毅が山県有朋に対して、法は人びとの行為を律するものだが、心を律するものではない、大日本帝国憲法という「法」においてではなく、「徳目」のような価値規範は勅令である教育勅語において明定すべきである、と言った。自分は、今回の「改正」において、法は人々の心を律するものではないという立場から、教育基本法は第一条「教育の目的」において既に「価値」に関わってしまっているが、さらに「改正」によって新しい「徳目」を加えるのには反対である、と言っています。これは近代主義者として当然のことです。これを読んだ時に、市川さんは自分の役割を十分に自覚しているなと思ったんですよ。

しかし、これをもっと読み込むとどういうことになるかというと、今回の教育基本法の見直しを諮問した時に、遠山文科大臣は諮問事項の中にそれとなく「徳目」という言葉をすべり込ませ、それを使っているのです。これは、今回の「見直し」の一連の経緯の中で、第一条についての「徳目」の使い初めです。教育基本法＝金科玉条論の人たちも第一条については、教育の根本理念を定めたものであって、道徳教育とかの基準になるようなものでなく、ましてや「徳目」と見なしてきたとはいえません。ところが今回は「徳目」なのです。「徳目」論となると、「徳目」を法で規定するのはおかしいという市川さんの論は正論です。今回、「徳目」などと言い始めたのです。もともと五五年～五六年にかけて道徳教育が問題になった時に、これは戦前の修身科の復活であるという論議があって、戦前の道徳主義的・修身科的教育を徳目主義であると批判してきた戦後教育の経緯があるのです。ですから、今回の「改正」の目的には第一条の「人格の完成」とか「平和的な国家及び社会の形成者」とか「真理と正義を愛す」とか「勤労と責任」とかと挙げられているものを明確に徳目として位置づけようとする意図があるのです。これに「国を愛する心」という「徳目」を加えようとしているのです。今回の「改正」の最も大きな問題のひとつはここにあると考えています。国家が改めて国家的価値を定め、個人の内面に踏み込み、それを法によって強制しようとしているということなのです。

第一条による教育目的の法定が国家意志の表明であったとすれば、今回の「一条問題」もまた現在における国家意志の表明にほかならない、こう捉えることができませんか。

## 三　「勅語」との連続と「逸脱」をめぐって

**岡村**　ところで考えてみると、教育基本法が一九四六年〜四七年にかけて制定される過程で、すでに、この論議はあったのです。

要するに第一条で、教育の目的を法によって規定することはおかしいと主張する人々があったのです。田中耕太郎は教育刷新委員会の審議の中で、彼はクリスチャンという立場もあったのでしょうが、もともと国家が教育の価値を法によって定めるというのは馴染まないし、あってはならないと主張しているのです。だから、教育基本法において教育の目的を定めることには反対であると発言しているのです。たとえば、次のようにです。

私は個人的には、国家が法律を以て間然するところのない教育の目的を明示することは不可能にちかいことと考えるものである。それは国家の目的を法律学的に示すことが不可能なのと同様である。憲法が国家目的を条文中に明示することをせず、ただ前文において民主憲法の政治理念を宣明しているにとどめているごとく、教育基本法も第一条と第二条は前文的なものとし、第三条から始まるものとする方がよかったのではあるまいか。法が教育の目的やその方針に立ち入ったのは、過去において教育勅語が教育の目的を宣明する法規範の性質を帯びていた結果として、それに代わるべきものを制定し以て教育者に拠り所を与える趣旨に出ていたのである。(『教育基本法の理論』一五頁)

あるいは次のようにも述べています。

国家の活動は一般的に文化を奨励助長するという限界内にとどまらなければならない。従って教育理念の決定のごとき純然たる学問的、ことに専門的な教育哲学的問題は、国家の干与の外にあるものといわなければならない。(五一頁)

従って如何に教育思想が混乱し不明確であるにしろ、道徳の徳目や教育の理念に関する綱領のごときものを公権的に決定公表することは、国家の任務の逸脱であり、パターナリズムかまたファシズム的態度といわなければならない。この故に明治二十三年の教育勅語のごときは、そのかかげている道徳訓の内容の正不正当否は別として、それが天皇の権威によって制定された点において問題となるのである。問題はその制定が反民主主義というよりも、国家が介入する権限をもっていないところの、道徳や教育内容の問題に立ち入った点に存するのである。(同前)

ここで田中が言っているのは、「徳目」や「教育の理念」の「法定」などは、「国家の任務の逸脱」であり、教育勅語についても、国家の権限外にある「道徳」や「教育内容」に天皇の権威により明定されたということです。といっても、教育勅語が「制定」されたというのは適切な言い方ではありませんし、むしろ、憲法での「法定」を「逸脱」として、その代わりに「法」形式でない「勅語」、つまり天皇の「ことば」によって事態に対処したということでもあったのです。

ここに見られるように、この「法定」が逸脱だと自覚した上でのことだったと言えます。それは田中だけではなく、複数の人が言っているのです。それに対して、務台理作など、当時の近代的な良識を代表する人々も、確かに法が価値を規定することは問題であるが、しかし、戦前の天皇制教育勅語体制下の国民支配と思想・信条の自由、良心の自由を否定した天皇制支配のあり方を払拭し、天皇制教育勅語体制を克服していくためには、新たな価値を国家が示さなければならないとして、確かに本来は、法は教育の目的と価値にかかわってはならないのだが、戦後の改革は民主的な改革であるから、その改革の方向を示すために、あえて第一条に「教育の目的」を掲げることを認めざるを得ないと主張したわけです。そして憲法が制定された段階で文部大臣として田中耕太郎もやむなく教育基本法第一条に「教育の目的」を定めることに賛成したという経緯があるのです。

この点に触れて、教育基本法制定から「五〇年」の機会にあらためて、それを認めるという言説もあります。

……教育目的に法が介入すべきではないとする見解があるが教刷委では、第一二回総会(一九四六年一一月二二日)で、南原繁委員長は「実際大事なものは倫理」であり、「教育法の如きものは法律の中に倫理的なものを入れて宜しいのです」と明言していた。当時の状況において、教育基本法が教育目的を法定しもって教育勅語の強大な影響力を除去するとともに、民主的な教育改革を断行したのであり、教育目的法定は当然の措置として是認できる。(『資料　教育基本法50年史』五一二頁)

以上のように、国家による価値規範の法定は、近代原則からの「逸脱」だとする明確な自覚のもとに、この「逸脱」をもって、戦後公教育の「原則」としたわけです。この意味で、戦後民主教育は、その第一歩から「逸脱」体制と共犯関係にあったわけです。従って、戦後教育は一貫して法と内心の自由との分離を原則とするという近代主義に立脚しながら、現実的には法が価値を規定して統治するということを認めてきた教育体制の歴史として展開されてきたのです。それを指して前近代的体制と言い切れませんし、むしろ、それこそ前近代なるものを抱え込んだ現代的体制とも言えるでしょう。

だから一九五〇年にはもう天野貞祐が「愛国心」などと言い出し、五五年には道徳教育が登場し、六六年には「期待される人間像」となるのです。「期待される人間像」は文章になって今も残っているのです。おかしいと言われながらもこうした動きが進められてきた。これは教育基本法によって、法と価値、法と内面・良心の自由との関係を曖昧にしてしまった結果であり、そうした土俵が作られたからではないか。

この「逸脱」こそ、まさに戦後教育を決定づけた「不当な支配」と言えます。そう問うてみるべきでありながら、わたしたちも含めてそれを問題化するというか、おかしいという主張を大きな声にすることができなかった。こういうことを言うと、あなたこそ近代の法と価値との関係についての予定調和論に立っているのではないか。良心・信教の自由を確保するのは、侵害に対する闘いをおいてない。価値規範の法定はないに越したことはないが、それがあったとしても内心の自由は常に権力の恣意に晒されているのだ。近代の原則に依拠して近代批判はできない。「徳目」の「法定」批判を、近代主義を越えた地平において問うのでなければならない。そうでなければ、それ自身が近代主義ではないかという批判が返ってくるでしょう。しかし、現実の体制が近代主義といいながら近代主義を「逸脱」している限り、近代原則の構成原理にしたがって「逸脱」批判をすること、同時に近代主義批判において、個人の内心・良心の自由への介入は、いかなる国家や権力によっても正当化されないという立場を構築し、その先に教育構想を探求することが問われているのだと思います。もちろん、諸個人は、日常的に内面世界を不可視のもろもろの権力によって浸潤されており、それは自立した個人が、実際には様々な関係世界に依存し、せざるを得ない存在だということと重なります。学校における「日の丸・君が代」の強制もまさにこの視点から批判すべきだと私は考えています。これは近代の原理に依拠して言っているのではないとしてですが。小田原さんはどうですか。この点については。

**小田原**　さあ、難しい問題ですが、別の例を挙げると、私は靖国神社の問題に関して、人の死に国家は関与してはならない、宗教の立場に身を置いている私が言うのもちょっと難しい点もあるのですが、宗教も人の死に関与するな、と言っています。人の死は、直接的にその死によって胸に痛みを覚える者だけが抱きしめていればいいのであって、それ以上のことを考えると靖国神社に代表される「二重祭祀」などと死そのものの政治化が始まってしまうと考えています。これは近代主義などとは別な原理からであると考えているのですが。

**岡村**　そうですよね。近代以前、あるいは近代以後のもっと汎通的な、普遍的というのもおかしいのですが、個人の内面の自由の問題について、国家の関与・介入を排除するという主張の根拠をどこに置くか大変難しいところです。

**小田原**　近代以前の基本的人権などと言い出すと、これがまた近代主義そのものですからねえ。

**岡村**　近代を批判しながら近代の論理を用いるという愚に陥ることになりかねないのです。

**小田原**　キリスト教の者ですから、「聖書」といわれる本の中の話になりますが、それもかなり大雑把な話ですが、イエスという人の思想には諸個人の自立への促しが基底にあるように考えています。社会的な疎外からの解放にしても、その前提に他者が介入することを拒絶する個人の領域の確立を通してそれを実現しようとする思想というふうに言ってもいいのかもしれません。

**岡村**　諸個人の実存は尊ばれなければならないということですかね。国家があろうがなかろうが、人間として、と言うとまた近代の論理と言われかねませんが、とにかく人として他人の介在を認めないような部分は残るということでしょうか。これは社会主義だろうとこれまで誰も考えたことのない社会体制だろうとそういう領域はあると思います。従って、国家が法的にそうした個人の生き方の価値にかかわる領域のことを定めたりすることはいけないことであるとするなら、戦後の教育基本法はそれ自体が問われて当然のことであるのに、それがなされないまま、「改悪」反対と言ってみても、問題の本質を抉ることにはならないと思うのです。

## 四　「改正」反対の理由

**小田原**　大分、長くお話を伺わせていただいています。これまでのお話から岡村さんが教育基本法「改正」に反対される立場もおのずから明らかになってはいるのですが、改めて、思いつかれるままで結構です。「反対」の理由を挙げていただけますか。

**岡村**　そうですね。箇条書き的に思いつくままに言ってみます。

第一に、「改正」手続きがまったく「不当」「違法」であり、法に従った行政の在り方を無視している点は認めがたいので反対である。

第二に、教育基本法そのものが、戦後教育の支配的現実、すなわち、能力主義、差別・選別、自由の抑圧などの現実を作り出してきたことに無縁ではなく、それらは近代公教育法制としての教育基本法の原理・原則に由来するところがあり、教育現実の批判は教育基本法の再審、その枠組みの克服、変革の対象でもありますが、今回の「改正」は、私たちが自らの歴史的課題として教育基本法体制を変革していく可能性をいっそう困難にせしめ、奪うものであるという意味で反対です。

第三に、教育基本法は憲法と不可分です。憲法・教育基本法体制と言われてきた教育体制は、天皇（天皇制）の戦争責任を免責した上で成り立ってきました。「改正」が免責の正当性を最終的に完成させる意図のもとで目指されている限り、それには反対です。

第四に、「改正」は、第一条の教育目的に、新たな「徳目」として「国を愛する心」などを加えるとしている。もともと、法が心のあり方を定めるのは、近代における国家と個人の関係をめぐる原則を逸脱している。この「逸脱」は、すでに教育基本法の制定時に明確に自覚されていた。この点で、教育基本法はこの「歴史的負性」を当初から担っていたのである。この「負性」＝教育目的の法定が、天皇制教育勅語体制からの払拭を意図し、民主的改革のための啓蒙的必要から是認されたものであったにせよ、肯定されてよいわけではない。その「法定」は、まずもって国と個人、法と内心に対する近代原則の観点と立場から認められない。しかし、より根源的には、個人の心のありよう、内心の世界および良心形成において、公権力、国家が干渉し、強制をもって他者が支配的に振る舞うことがあってよいわけではない。今回の「改正」は、その「逸脱」を前提にして、よりいっそう、国家主義的価値を「徳目」として教育の指導原理とするものである。「法と心」の新しい関係構築＝「新体制」の確立にほかならない。私は、こうした「逸脱」をさらに強化していくものとして「改正」に反対です。

第五に、教育基本法は人権としての教育を保障する法体系として、教育の機会均等化、教育の普及に貢献してきたことは事実である。しかし、この教育の「普及」は、教育の私事性に根ざす教育現実の矛盾を伴うだけでなく、教育の公共性の名の下に公的支配によって進められてきました。「改正」は、「私事性」に発する競争原理、市場主義、規制緩和、民営化などを進展させる一方、歴史、文化などの「尊重」を説くナショナリズムによる新たな国民統合をとおして、グローバル化に対応しようとしている。「改正」は憲法のそれとともに、私たちが利己的な個人主義、敵対的利害対立の温床たる私事性に代えて寛容さを備えた多元的価値社会の共同的な関係へ、国家的価値に求心化するナショナリズムに対して、国家と社会のあらゆる次元で越境する自由の境域の創造へ向かう試みに対立する。それゆえに、「改正」に反対です。

第六に、「改正」に対する「改悪」反対の立場は、教育基本法を擁護する立場を含んでいる。今日、教育基本法の諸原則、理念、価値に依拠して、「改正」戦略に対応する立場とするだけでは、十分ではない。教育基本法を歴史的に相対化し、批判的対象と認識しうる立場において、「改正」戦略に対峙していくことが必要ではないだろうか。

第七に、戦後教育の現実は繰り返されてきた「不当な支配」の所産、産物であり、「心のノート」は「違法かつ不当な支配」を実効化する新たな国家戦略であり、「改正」とセットになっている。こうした「不当な支配」「逸脱」を正当化するものとして「改正」を捉える必要があり、この意味で、「改正」に反対する。

ざっとこんな立場でしょうか。

**小田原**　なるほど。とすると全体として今回の岡村さんが言われる「改正」を日本近代史の中に置いてみると、繰り返しになりますが、最後のまとめとして伺いたいのですが、どういうことになりますか。

**岡村**　一八八九年、一八九〇年の大日本帝国憲法と教育勅語の関係において問題になった、国家の価値と教育の目的、あるいは法と内心の自由との関係を、「民主的」に否定するような形でなされたと思える一九四七年、一九四八年の憲法と教育基本法との関係は、井上毅が問題にしたことを「民主的・啓蒙的」な形で実現してしまったのです。繰り返しになりますが、「逸脱」への共犯体制、「逸脱」連合が戦後教育の歴史の隠れた「主体」であったと言えます。そして今回の「改正」は、戦後六〇年経って、すでに教育基本法体制下で着々と実現してきたのですが、これを飛躍的に押し進め、「国を愛する心」とか「郷土を愛する」といった「徳目」を国家主義的に国家の価値を全面化させて、法と内心の自由との新しい関係を、国家を中心としてというか、国家を円の中心として作り上げようとする試みということになるでしょう。私はこれは、「日本近代教育一〇〇年の総括」として国家の側は強行しようとしていると考えています。だから「改悪」だから反対などということで済ませず、国家と教育との関係の根本にかかわる支配と歴史の現在を洞察し、国家と教育の「新体制」に対峙しうる全重量をかけて、われわれに問われていることを認識し、そういう立場から議論を深めなければならないと思っております。

**小田原**　どうもありがとうございました。このインタビューは『日の丸・君が代Ｎｏ！通信』に掲載するのですが、読者の中の教員だけでなく、教育に関心を寄せておられる多くの人々がこれを読んでくださり、来年が最後の勝負の時になるのでしょうが、すでに始まっている教育基本法「改正=改悪」をめぐる攻防のために、熟読し、討論に生かしてくだされぱと願います。

(二〇〇三年七月二〇日)

### 参考文献

田中耕太郎『教育基本法の理論』有斐閣、一九六三年。
鈴木英一・平原春好編『資料　教育基本法50年史』勁草書房、一九九八年。
市川昭午『教育基本法を考える』教育開発研究所、二〇〇三年。
靖国・天皇制問題情報センター『日の丸・君が代No!通信』二〇〇三年七~八月号。

# グローバル化の中の国家主義

## 教育戦略の構図

——ナチスになるような人間がいたという恥辱、それを妨げる可能性も力も持ち合わせていなかったという恥辱、そして妥協に屈したという恥辱——プリーモ・レーヴィ

### はじめに

二〇〇三年三月二〇日、文部科学相の諮問機関である中央教育審議会は、基本問題部会で審議されてきた教育基本法の「改正」を求めた最終「答申」を遠山敦子文科相に提出した。昨秋、一一月一四日の中間報告の公表以後、教育基本法「改正」をめぐる論議と「改悪」反対運動が続けられてきた。今回の最終答申は、二〇〇二年一一月から一二月にかけて開催したという公聴会（「一日中央教育審議会」東京、福岡、福島、京都、秋田）や教育関係団体からの意見聴取などを参考にまとめたとして、国民的合意形成を図り、その内容に公共的な同意を得たかのように装っている。

憲法「改正」が国家の基本枠組みとその統治構造の変更に連動していくものだとすれば、教育基本法の「改正」は国家と教育の関係に重要な変更をもたらし、まさに戦後公教育の「総決算」を目指すものだとしてよい。教育基本法の「改正」はどのような意味を持っているのか、どのように「改正」するのか、それをどのように捉えるのか、問題の所在はどこにあるのか、さらに「改正」にどのように対抗するのか、それらが問われてきた。これらの点に論及してみよう。

## 一　教育基本法「改正」は「不当な支配」そのものである

まず「改正」をめぐる手続き上の問題について指摘しておかねばならない。

もともと今回の教育基本法「改正」の経緯は、小渕内閣が首相の私的諮問機関「教育改革国民会議」を設置、その「最終報告」(二〇〇〇年一二月二二日)を根拠に、中央教育審議会に遠山文科相が諮問した「新しい時代にふさわしい教育基本法と教育振興基本計画の策定の在り方について」への答申という筋書きどおりに運ばれてきたものである。

周知のように、かつて「臨教審」は一九八四年に設置された際に、あえて「教育基本法にのっとり」と明記して、総理大臣直属の機関として設置の法的正当化を図らざるをえなかった。ましてや教育基本法「改正」を意図する論議の発議は、それが憲法に準じる教育根本法であるとされてきた以上、正規のルートであれば、国会承認の手続きなども問題となる。「私的」機関による発議は法的手続きにとらわれることなく、「改正」を提言できるという術策であり、法治主義のいっそうの形骸化を既成事実とするためのものであった。

いずれにせよ、それが形式論であるとしても法的手続きを無効化していく行政手法は、かの行政国家化に伴う行政権の肥大化を象徴するものとはいえ、行政改革、構造改革の時代に顕著になってきたものである。今回の一連の「改正」をめぐる動向は、こうした状況と無縁でない。このような行政権力の詐術と不遜さは、立法権力を無力化させ、世論形成が行われる公共的圏域を侮るものにほかならない。

たとえば、文部科学省による『心のノート』の作成、配布は法的には違法かつ不当であり、良心の自由を侵害するという点でその違憲性は明白である。その法的根拠を質問され、それが「道徳教育の教材」であり、「地教行法（地方教育行政の組織及び運営に関する法律）の文部科学大臣の権限によって、権限に基づいて、各地方公共団体に対する指導及びその援助の一環として出されたもの」（社会民主党・中川智子氏の質問に対する矢野政府参考人の衆議院での答弁・二〇〇三年二月二七日）だとしている。道徳が教科でなく、したがって厳密な意味で教科書も教材もない、それゆえ教科書検定の対象たる「教科書」もなく、ましてやその教科書も教材も文科省著作ではありえない。教科用図書・教材に関する規定である学校教育法第二一条に該当しない作成、配布行為なのだ。これはもう国定教科書以外のなにものでもない。「学校（教員）に対してその使用義務を課せるのか」という質問に、「各学校の設置者である市町村、あるいは学校が、これを道徳用の教材として使用することを決定」すれば使用義務が課されるのだという。文科省は『ノート』作成には口を封じ「強制」しないとして、「強制」を地方の責任に転嫁し、思いつきで言い逃れる。万事がこうした官僚の詭弁と手中にある。「改正」をめぐる事態も同様である。こうした行政権力にどのように対抗するか、あらためて問われている。

同様なことは、審議会の委員、その構成、審議の実状に関しても言える。例えば第Ⅰ期の基本部会では、委員の質問に事務方として答弁していた小野文部事務次官が、第Ⅱ期部会では日本学術振興会理事長の肩書きで臨時委員に就任していること、ほぼ改正推進論者により部会を構成し、また定足数に満たない状況で審議が行われるとか、「日本は単一民族の国」と発言した鳥居泰彦委員が会長として審議をリードしたこと、などを挙げておくべきだろう。そこに審議会なるものの実態が如実に示されている。もちろん、こうしたことは今に始まったことではない。

## 二　教育改革と教育基本法「改正」——自由と計画をめぐって

ここで改めて、教育改革をめぐって出来した教育基本法「改正」という事態の背景について言及しておかねばならない。

教育基本法「改正」の動向が、八〇年代の臨教審以降の一連の教育改革の総仕上げであり、戦後「公教育体制」の質的変容の画期をなすものとなるだろうというのは誰の目にも明らかである。行革臨調が開始された八〇年代半ばに臨教審は「教育臨調」ととらえられた。行政改革という国家戦略は、規制緩和と民営化、市場原理と自由化にリードされた新自由主義路線として展開された。レーガノミックスとサッチャーリズムは福祉国家の終焉を告知するものであった。日本における九〇年代以降の事態は、地方分権推進、いっそうの規制緩和の徹底を通して、国の権限の地方委譲化を図ったが、それは国と地方への権力の再配分、権限配分の適正化とみるべきものであった。

この国家権力の再編成過程は、社会生活の全分野での受益者負担に基づき保障・給付行政機能の後退をもたらしつつ、生活基盤の弱体化と不安定さを醸成し、進展する階層分化は、セーフティネットと称される社会防衛的な様々な立法措置を通して、強権的な配分権力としての国家を誘引し、「新しい型の福祉国家」体制として再編成されつつある。このような状況の中で、国家のイデオロギー支配の重要な環として、公教育支配が再定位されてきた。国家行政における配分権力としては弱い環である文部行政は国家のイデオロギー支配としては強い環なのである。

このことは、教育行政権力が、地方分権推進にもかかわらず、けっして学習指導要項の国家基準設定権限を手放すことがなかったことにあらわれている。それこそ、教育行政官僚の存在証明以外ではないからだ。教育官僚の「使命」は「不当な支配」を「正当な支配」と強弁しつづけることにある。それだけに教育行政官たちの権勢欲に満ちた、小権力者に特有の小心かつ専横な権力者然とした行動パターンは中央から地方の末端にまで行き渡っている。

今回の教育基本法見直し論議において、第一〇条の「不当な支配」の禁止規定の削除が問題となり、最終的に現行のままとされたが、この半世紀の教育行政の実態はまさに「不当な支配」の連続以外ではなかったのだ。二一世紀の「新型」の福祉国家の教育像は、いわゆる「四六答申」を再定位し、「教育振興基本計画」策定を提起するところに見出される。

これは教育基本法「改正」をめぐるもうひとつの問題点である。もともと、自由と計画は市場経済対計画経済という二〇世紀のイデオロギー対立を表す観念体系の中に据えられてきた。冷戦体制の消滅と世界資本主義の展開・グローバル化は、社会、産業、文化、政治の諸分野においてこの対立項を無化してきた。それは、教育改革、国家的教育再編においても例外ではない。こうした時代状況において、理念や規範たる法は、実効的法の実践体系としての「国家の基本計画」によって支配秩序化されねばならないのだ。加えて、特に国家レベルでの行政計画は、強力としての行政権力によって、かつてその要件とされていた計画策定と実施における公共的点検、策定過程への参加、計画案の公開・縦覧および一定の公示期間の設定などの手続きなしに実施されてきた。それらは「計画」が引き起こす行政権の不当な処分、権力行使による諸個人の権利、人権の侵害をかろうじて回避するか、もしくは救済するための手続きなのであった。

「答申」は、近年、「環境」「男女共同参画」など、行政上の様々な重要分野での「基本法」

の制定に伴い、それに基づく基本計画が策定されてきたことに言及し、「改正」後の「策定」の必要を強調している。その際、上述の計画策定をめぐる問題には一切、言い及んでいない。

いまや、こうした形式主義さえ問題化されることなく、国家による「計画」は、公権力の独壇場として、諸個人の生き方、個人の自由、権利、人権を踏みしだいていくものとなっている。いずれにせよ「計画」が思想としての自由の市場において果たす機能は、人びとの内面的世界、内心の自由、良心の自由を奪うところに帰結する。現実の事態はそれを証し立てている（参照「教育行政計画の本質と批判」拙著『現代公教育論』社会評論社）。

今日、教育基本法「改正」を目指す国家意志が一貫して人びとの「心」に向けられてきているのもそれを証し立てるものであり、「法」と「計画」と「自由」のあり方の新たな再定義が公教育の新段階として登場している。

以上の文脈からすれば、教育基本法「改正」は国家主義的な「愛国心」による国民統合を目的にした、戦後教育政策と行政文書において繰り返し説かれてきた道徳、愛国心の教育なるものの単なる延長線上にあるのではなく、まさにこの時代の〈新体制〉の構築として把握されるべきものだ。この点については後述する。

## 三　「答申」の根幹――教育目的・徳目と法の新たな関係構築をめぐって

多言をもって作成された官僚の作文たる「答申」を、ここでは、その枝葉を採って根幹において捉えてみることにしたい。第一に触れるべきことは、最終答申に至る今回の教育基本法「改正」において目指されている一点が、なによりもまず、「徳目」の法規範化を「改正」すべき「法」に持ち込み、その実行を果たすというところに焦点化されているということだ。

第二に、法規範たる「徳目」を先ずは「愛国心」とすること。第三に、それを含めて新たな「徳目」として次の八項目を挙げていることである。すなわち、①個人の自己実現と個性・能力、創造性の涵養、②感性、自然や環境とのかかわりの重視、③社会の形成に主体的に参画する「公共」の精神、道徳心、自律心の涵養、④日本の伝統・文化の尊重、郷土や国を愛する心と国際社会の一員としての意識の涵養、⑤生涯学習の理念、⑥時代や社会の変化への対応、⑦職業生活との関連の明確化、⑧男女共同参画社会への寄与、などである。

第四には、こうした「徳目」の法規範化はすでに周知のことであって、教育基本法の第一条に関する中教審の解釈（行政解釈）を通説であるかのように述べている、その点に関わっている。「現行の教育基本法は、教育の基本理念として『教育の目的』及び『教育の方針』を規定している。教育の目的としては、……平和的な国家及び社会の形成者として有すべき徳目として、『真理と正義』『個人の価値』『勤労と責任』『自主的精神』が掲げられている」（中間報告）。最終答申ではこの点について「……形成者として『真理と正義』……『自主的精神』の徳目が求められる」としている。

しかしながら、法と道徳、法規範と徳目、法と「教育目的」という問題は、日本近代の教育において重要な位置を占めてきた。従来、第一条は「徳目」の観点で解釈されてきたわけではない。教育勅語に代わるものとして教育基本法が制定される過程において、教育目的を法に規定してよいものかどうか、それが論議の対象になったのはよく知られてきたことだ。というのも、教育理念、教育目的は個人個人の世界観や価値観に帰属する問題であり、客観的に決定できるものではないと見なされてきたからである。にもかかわらず、教育目的が規定されたのは、制定当時、教育勅語を擁護し文部大臣を務めた田中耕太郎によれば「それ（教育勅語）が除かれたことによって生じた教育法令や空白を満たすために、……教育理念（教育目的）の決定を認め」たからだ（『教育基本法の理論』五九頁）。

教育理念や教育目的について「何人も異存のない客観的な結論に到達できるか否かについて懐疑的になる」としながらも、客観的な教育理念の存在を想定せずに教育的活動をなし得ないのだという。こうしたことを踏まえて「正しい教育目的（理念）が客観的に存在し、それが認識し得られることを是認することと、それが法的に――実定法によって――決定し得られるものかどうかということは全然別個の問題である」として、国家が法律をもって教育目的を規定するのは「不可能に近い」と論結する。田中は「何が正しい教育の理念かを法が確定できるものであろうか」と自問自答はするが、法が教育目的を決定してはならない、という立場はとらない。「できない」ことと「してはならぬ」とは異なる。田中は前者から踏み出さずに慎重であるが、教育理念・教育目的と法の関係に重要な問題が含まれていることを十分に認識しており、何が問題かを提示したという点で記憶されてよい（五〇〜五一頁）。

教育基本法の制定時における「法と教育目的」の問題は、まさに現在の「改正」問題に通底している。たとえば、次のような言説がある。これを諒解できるか。認めてよいか。それが問われる。「教育目的に法が介入すべきではないとする見解があるが、教刷委で、南原繁副委員長は、……『教育法の如きものは法律の中に倫理的なものを入れても宜いのです』と明言していた。当時の状況において、教育基本法が教育目的を法定し、もって教育勅語の強大な影響力を除去するとともに、民主的な改革を断行したのであり、教育目的の法定は当然の措置として是認できる」（鈴木英一・平原春好編『資料　教育基本法50年史』五二頁）。いうまでもなく、この立場は「教育目的の法定」の可否を「改革」が民主的か否かに委ねるものだ。今日、直面し対峙している局面は、「改正」や「改革」が民主的でないから「法定」を認めないという次元ではなく、国家が教育理念、教育目的、教育観あるいは教育価値を法定してはならない、というもっと人間的実存を賭けた権力と自由、国家と個人の関係世界の根源、深部から生み出されてきているものだ。

この問題は、今回の中教審の審議過程においても立ち現れてきた。基本部会の市川昭午臨時委員は、法律で「徳目」を定めることには反対だと言う。近代社会では「法律は人びとの行動を律するもので、心を律するものではない」からだとし、法律は心について規定すべからず、心を律するのは法律の役目にあらずと断じた法制局長官であった井上毅の例を引用する（有園

格・木村猛・市川昭午「教育基本法改正・教育振興基本計画策定の課題と展望」(『教職研修』二〇〇三年一月号)。

心を律する『教育勅語』を法律でなく勅令で定めたのは、この原則適用という面と法律では改廃される可能性を免れない、という臣民支配の必要に出ている。今日、中教審プラス文部官僚が近代原則を無視して、法律で良心を律する以上、近代派として真っ当な立場からの批判だろう。問題は、中教審＝官僚ブロックが、近代原則を逸脱し、体制内近代派を〈排除／包摂〉して、近代天皇制においても強行を自制していた〈勅語＝法律〉体制に向けて、強行突破しようとしている状況にあるという構図そのものである。近代派の言説と立場は、今日的に修正された〈勅語＝法律〉ブロック派に対して、良識派として登場しているかに見える。しかし、この近代派は、公共の精神、道徳心、自律心、規範意識、伝統＝文化の尊重、郷土や国を愛する心の育成などの「徳目」に賛成する近代派でもあり、「法定」以外の方法で、これらを教育課題として承認する近代派である。形式的合理主義者は「心の支配」も許容する近代派なのだ。最終答申において、とりあえず近代派に対抗するブロックが勝利したのだ。〈勅令＝法律〉派も〈近代派〉〈似非近代派〉も、国家による心の支配においては一致しており、この新たなブロック形成は、国民の前で見かけの「体制内不一致」を公示し、民主的な審議を通して異なる意見を踏まえて決められていくという政治的演出を行い、法的正当性と民主主義にしたがっているかのように振る舞うことで、一定の幻想を与えたのである。

## 四　「改正」に反対する立場をどこに求めるか

こうした事態をどのようにとらえるか。

第一に、進行中の国家の政治的戦略は、「帝国憲法＝教育勅語」による良心の支配に関わる公教育を一世紀以上のインターバルという歴史的射程に据えて、新たな国家と教育の関係構築――「新体制」として創り出そうとしている、という基本認識が必要である。

第二には、この「構想」を実現しようとする支配「ブロック」は、基本的には、憲法＝教育基本法の枠組みに変容を加えていこうとする勢力の登場を意味しており、この「新体制」派の背景には、伝統的「教学派」の支持基盤である神社本庁などが控えている。

こうした「新体制」構築という国家戦略に対しては、さしあたり「憲法＝教育基本法」の擁護によって、国家主義に対しては個人の尊重、あるいは国家主権に対しては基本的人権を対抗させるような、「近代主義」の枠組みの対置だけでは済まない。この新たな戦略的布置は、近代主義的図式による「伝統回帰＝復古反動」対「憲法＝教育基本法」では括れない構造と性格を帯びて現出しているからだ。それは立憲制と近代天皇制という日本近代の天皇制国家、およびその解体＝構築である象徴天皇制と立憲民主制という戦後国家のいずれとも異なる政治支配の新しい形式と性質において捉え返される必要がある。

この新たな国家構想は、グローバル化の下で、戦後国家の「半国家」性を形づくってきた日米安全保障体制から自立した核武装国家への内的衝動に突き動かされている。次には、政治的国家と市民社会を貫通する、権力の新しい管理方式の浸透がある。いま公教育の全体を覆っている「評価」による限りなく拡がっている管理の実態にそれを見出すこともできる。それは規律型支配における権力の作動とは異質な管理を基盤とする国家構想であらざるを得ない。こうした新しい質を帯びて現前する「体制」も、じつはその政治的枠組みを「憲法＝教育基本法体制」の中で培養されてきた当のそれであり、その「継続」によって対置され、補完されたものにほかならないのである。

この目指されている新「国家構想」は、「半国家」から「完全国家」へと脱却するために、軍事的な「主権」国家となることで、自国の歴史と伝統文化にいかような態度をとっても、外国から干渉されるいわれはないと強弁し、かつ「宣言」して、それを認知せしめようとする欲動にまとわりつく権力群に包囲されているようなそれである。

憲法と教育基本法はその精神と理念を共有していると言われてきた。その理念にもかかわらず、日本が行った戦争に関して、アジアの民衆から問われてきた天皇の戦争責任の明確化、戦後補償の履行など、いまだに果たされないままである。そのことを棚上げして憲法、教育基本法をお蔵入りにさせるわけにはいかない。それらが負うべき歴史責任を実行することが、「改正」の可否いずれの場合にも前提である。教育変革にとってその「改正」「廃止」はタブーではないからだ。そのような立場があってよいだろう。

## 五　国家主義と「心」の支配に対抗する

端的に言えば、「答申」の基調は教育の基本理念を根本から転換させようとするものだ。郷土や国の伝統、文化の理解と尊重を通して国を愛する心を教育の基本理念に置こうとしている。「21世紀を切り拓く心豊かでたくましい日本人」の育成はグローバル化が進展する国際社会への対応である。他方、「公共」の精神、道徳心、自律心の重視は社会内部に進展する階層分裂がもたらす対立・不安・葛藤を規範主義によって決着させようとするものだ。それらは国家の内と外へ愛国心が向かうベクトルを示している。要は個人の尊重から国家への一体感へ、個人原理から国家原理への転換にある。いうまでもなく教育をめぐる社会内部での利害対立の多くはその〈わたくしごと〉性、個人主義に根ざしている。一方、人々を統合・排除する原理として国民主義がある。教育基本法は個人原理と国家原理をメダルの表裏の関係としている。「改正」が目指しているのは国家主義、国家原理への重心移動である。

学校は「知・徳・体」の教育を行う場だとされる。「問題行動児」に対しては厳格な規律主義で対処して排除し、逸脱に対しては学校秩序への順応を強制して包摂を図り、教員については使命感を担う特定の身分としての位置づけを図る。これが「報告」の学校観である。愛国心をもつ日本人の育成を目的とする学校・家庭・地域社会三者の「教育共同体」の創出、いいかえれば地域ぐるみで子どもを監視し育成する翼賛・総動員体制というべきものだ。公と私、個人と国家、国民と国家、権利と義務、自由と平等など公教育の構成原理が国家、公および親の義務を基本として再編成され、国家的な教育のあり方がデザインされている。近代以降、産業社会では学校は国家による人材配分機構であり、職業構成・社会階層の再生産機能を果たしてきた。「報告」は特に職業観・勤労観の育成に言及している。分に応じたあり方を説くものだ。

「答申」では教育をめぐる人権の主体としての個人、子ども、教員、親への位置づけが全く欠落している。もちろん、教育をめぐって子どもと教師、教師と親、親と親の間などで権利と権利の衝突がある。諸個人は多種多様な主体位置を引き受け、自己内部でまた相互に対立し、矛盾し合いながらも、その現実に向き合い、時間をかけても試練を超えようとしてきた。いじめ、不登校など、葛藤や相互不信を前にして人々は立ちすくんできた。それは国家によって片をつけられる類のものでは決してない。教育基本法はこうした問題解決のあり方を保障してきたわけではないが、そうしたことを試みる余地を残してきた。改正はその可能性さえ奪ってしまうことになるだろう。

「答申」は今後、「法改正案」の作成、さらに国会への上程、審議に向けた政治的な状況の中に置かれる。「改正」がめざす教育のあり方は、能力原理、競争原理、選択原理、差別・排除を通して、強制、抑圧、不平等をいっそう構造化していくであろう。

戦前・戦中の国家主義・全体主義への回帰だとする見方がある。回帰であり反動とのみ見るのは、事態の認識を誤り、改正に反対する力を削いでいくことになる。

「期待される人間像」から始まり、国旗・国歌法さらに有事法制化に至る事態の進展は、グローバル化された国際社会における日本国家の像とその輪郭を明らかにしつつある。八〇年代以降の「日の丸・君が代」強制の経緯は、この国が内包している人びとを支配する権力と同意＝強制の構造が帯びる抑圧性と不寛容さを際だたせるものである。一方、この権力に抗して持続されてきた闘いは、いま教育基本法「改正」をめぐって新たな局面に対峙させられている。

（二〇〇三年四月）

# 第Ⅱ部　戦後教育史の中の教育基本法

# はじめに

## 「教育改革と教育基本法」――どのように読むか

今回の教育基本法「改正」は、「教育の構造改革」と不可分である。「教育の構造改革」とは教育改革を含む国家的、総合的かつ産業経済体制の再編をともなう教育改革を指している。

八〇年代に展開された「臨調行革」（第一次臨時行政改革）は、公的セクターの民営化を実施した。この過程において労働組合の分裂、組合員同士の不信、敵対など、市場原理の導入による民営化の推進がなによりも労働者一人ひとりの人間的尊厳の証を傷つける事態を生じさせ、それがどれほど残酷な現実をもたらすものであったのか、社会一般の記憶にゆだねるだけでなく、言語や映像記録としても記憶されるべきものがたりを歴史の事実として残したのである。それは、五〇年代から六〇年代にかけて日本列島を席巻した大移動、ムラから都会へと夜汽車で集団就職した若者たちの無数の喜怒哀楽のものがたりを生んだ高度経済成長期の〈陰〉の記憶と相通じている。

いま、進行中の「教育の構造改革」は、どのようなものがたりを生みだしているのか。わたしたちは同時代の渦中にいて、視るべきものを視ることができないでいるのだろうか。

教育基本法「改正」を推進する側は自らを「行革臨調」に似せてあえて「教育臨調」と呼称

している。それは、この「改正」の本質をつかみ、「改正」推進の真意を示し、これをどうあってもやり抜くという態度表明なのだ。何が起きているのか。

家庭における親による子ども虐待。家庭内暴力。子殺し。それらの予兆を把握する目的で実施される子どもたちの就学状況調査。中等教育学校（公立中高一貫教育学校）の創設によるエリート教育の「奨励」、就学時健康調査実施への揺り戻し。知能テスト。遺伝的素因の重視。習熟度別学習指導の推進。能力主義・学力主義の徹底。「飛び級」制度の導入。不登校の子どもたちの学校への「収監」。少年犯罪への厳罰化。「問題児」の排除と施設収容。奉仕活動とボランティアの奨励。子どもたちの「心のノート」による道徳教育の強化。職業・労働観の育成。子どもたちによる高齢者・弱者への暴力行使。健康教育の推進強化。「障害児」教育における分離別学。小中・中高・高大連携教育。スクールカウンセラーの配置。教育支援事業の推進。「日の丸・君が代」の強制。到達度評価の推進と評価項目の細分化と評価管理の徹底。地域におけるこども育成体制。学力・能力別進路指導の強化、学校選択制とニーズ・階層化など。

子どもたちへの大人社会一般の眼ざしというよりは、こうした切りもない子どもたちへの総がかり的な関与には、「放っておけない子ども観」という干渉主義に囚われている教育主義がある。諸々の近代の教育言説に潜んでいるそれらを「支配する側」の見方にのみ求めるわけには行かない。第二に、子どもをめぐる現象の背後にある「構造」とその再生産の装置が生み出すものとして、その本質をつかむことだ。教育基本法はこれらの問題世界を規範化してきたのであり、再三再四なされた教育改革は、その実践としてある。そのような観点から状況がもたらすものがたりを読み解いてみることだと思う。

（二〇〇四年二月）

# 「教育改革」の新しい展開と方位

## 「選別・階層化」と「排除・統合」の構造

### 強制と制圧の「代償」としての「教育改革」論議

再編された文部科学省は「21世紀教育新生プラン」(二〇〇一年一月二五日)を発表した。これは「教育改革国民会議」の「最終報告」(二〇〇〇年一二月二二日)を踏まえて、教育政策の基本方針を戦略目標化してまとめたものである。そこで提示されている「タイムスケジュール」は、「報告書」から省レベルでの「施策」化、さらには法案提出、予算化へと連接して政策実現を図ろうとするものであり、こうした方式はいまや行政主導の政策実現のパターンとして定式化され、既成事実化されてきた。周知のように、「教育改革」という方法を通した支配方式は、特に八〇年代の「臨教審」以来、実体化され、大学審議会による大学改革の展開の中で実効化されてきたものである。こうした政策分析の観点については、これまでもしばしば指摘してきた。いずれにせよ、行政権力の意志は総与党的な政治体制のもとで法案→法制化というルートを定着化させてきた。それは現代日本の政治状況を指し示す指標のひとつである。

現在、教育改革による教育支配は、その形式において、なお残されてきた法治機能の徹底した簒奪の進行過程として、他方、その内容において、総動員運動とも言うべき「一大国民運動」(新生プラン)として国家戦略化されている。進展しつつある事態を象徴するものは、教育基本法の「改正」を目指す動きであり、また新自由主義史観に立つ「新しい歴史教科書」問題であって、このような状況の中で進行する「日の丸・君が代」強制による学校の服従=抑圧装置化である。この全国にわたる学校への一〇〇%に近い「強制」達成の下で唱導される、あらゆる類の「自由」な「教育改革」論議なるものは、「制圧」の代償として権力によって「国民」に与えられた奴隷の自由というべきものとなっている。「国民会議」は権力のエージェントとして果たした自らの役回りを棚上げして「国民」に「自主・自立・自律」を説いている。こうしたことは中央から地方、地域の様々なレベルでの「改革」案がその内実は別として実現されていけばいくほど、幻想の自由にほかならないものを自由の行使であるかのように錯視させる仕組みとして機能してきた。このような教育をめぐる状況の中で進行する「教育改革」という名の教育支配の本質をどのようにとらえるか、それが問題である。国際化と国粋化、グローバル化とナショナリズムをつらぬく支配の論理と構造とは何か。それはまた公教育と国民教育の歴史的文脈において問われるべき問題として提起されている。

こうした状況において、天皇裕仁を有罪とした「女性国際戦犯法廷」の判決は、戦後の国家的精算の試みに異議を唱える民衆的応答として、歴史と現実に対する認識の深化をわれわれに呼びかけるものである。これは教育における戦争責任、戦後責任と不可分であり、教育改革批判の基本的視座のひとつにほかならない。以上のような文脈において教育改革をめぐる問題の所在を指摘してみたい。

## 「教育改革国民会議」という政治詐術

「教育改革国民会議」は首相の「私的諮問機関」であり、その設置の法的正当性を欠くものであった。あえてそうしたと見るほかないが、それはなぜだったのか。この点は、従来の場合と比べても重大な問題を含んでいた。すなわち、一九八四年の「臨教審」は、「教育基本法にのっとり」、総理大臣直属の機関として時限立法による法的正当化を図って設置され、総理大臣に答申の尊重義務を課し、答申実現の方式を確立した。さらに、一九八七年には大学審議会は学校教育法に根拠規定を新設して、形式上の手続きであったにせよ、それを前提にして設置された。大学審議会に文部大臣への「勧告権」を付与したことも、答申に基づく大学改革の実効性という点で見逃せない新たな方式であった。また国会承認による「臨教審」委員への法的正当化と国民代表という正統性の付与は、実際には首相任命による審議を先行させた上での事後承認という方法で強行されたものであり、その意味で国会の同意はたてまえに過ぎなかった。一方、大学審議会の委員任命もまたそうした手法の繰り返しであった。八〇年代から九〇年代に展開されてきた教育改革は、実体はたしかに骨抜きであったにせよ、まがりなりにも形式上、法的手続きを踏まえようとしたものだった。

これに対して二〇〇〇年一月、「教育改革国民会議」は、はじめからこうした形式上の法的正当化さえ放棄した上で、私的「恣意性」による設置の「社会的承認」というかつてない方法をもって設けられたものであり、それは私的なものを公的なものに変換する政治的詐術であり、それ自体権力による挑発というべきものであった。このような国家権力の政治的意図が明白であったにもかかわらず、この事態を批判しうる有効で政治的かつ社会的な対抗力は形成されることはなかった。むしろ対抗勢力の解体状況がこうした事態を誘発してきたと言わざるを得ないところがあった。あえてこうしたことに言及したのは、法治主義の原則の形骸化、空洞化は行政権の肥大化と官僚主義によって押し進められてきたが、だからといって、そうした事態をいっそう進展させてよいわけではないからである。もとより、それはいまに始まったことでないとしても指摘しておくべきことだ。

ところで「国民会議」を「私的」機関としなければならなかったもうひとつ理由は、自らを法に「逸脱」した存在とすることによって、教育は法の定めによるとした教育基本法に拘束されることなく、その「改正」に言及できるようにするためだったのだ。これはうがった見方なのではない。われわれがどのような事態の中におかれているか、明確にする必要がある以上、そのように支配するものの意志を読み込まねばならないだろう。何ものをも公的に代表せざるものの代表性。詐術は詐術を生み、多数のものがそれを怪しまなくなる。およそ、誰もが「私的」とは思っておらず、また「私的」であるはずもないものを「公的」とは違う何ものかと思い込ませるのだ。それは公人・私人を使い分けて靖国神社参拝を正当化しようとしてきたやり方と同様である。

「臨教審」以降、展開されてきた教育改革による教育支配は、このような状況の中で新たな段階に至っているのであり、こうしたことは知っておいてよいだろう。今日、進行中の国家主導の「教育改革」を、まずは以上のような文脈の中でとらえておきたい。

## 「プラン」による国家の教育戦略

「教育新生プラン」は「報告」の一七項目の提言を施策化したものであり、現段階における日本資本主義の国家と資本、政府と産業界の教育要求を基本戦略として集約したものである。もともと「報告」がまとめられて「プラン」が作成されたのではない。「プラン」の骨格は当初から政権政党の個別利害の表現である教育政策によって与えられていたのであり、それを国家政策に位置づけるために、儀式の演出として「国民会議」がつくられ、そこでの「論議」に公共性を付与するという仕掛けがなされたのである。事の次第はそうであるのに、あえて、そこに問題があると指摘されないできただけである。「会議」は儀礼空間であり、「論議」は儀礼行為、「委員」は役者であり、「報告書」は儀礼的シンボルであった。こうした術策によって行政施策化された「プラン」への公認は、政権交代に直接に左右されない公的支配の次元での位置づけを獲得したという意味を有し、それが教育官僚の手中におかれたことを意味する。問題にすべきなのは「報告書」以上に「プラン」の方にある。

「プラン」が二一世紀初めの教育体制として目指そうとしている枠組みの基本は、端的にいえば、教育による「選別・階層化」の徹底と「排除＝統合」による分断の強化およびそこで生ずる問題には道徳主義的な規範によって始末をつける（包摂）といった、従来から見られた支配の原基と違わないように見える。そこには、一方では伝統的価値の強調と他方での多様な価値の推奨、個人の自立と集団的規律主義、分権と集権、国民的アイデンティティーの形成とグローバル化などあらゆる領域における二項対立的な原理による改革をめぐるベクトルが混在している。一見、多元的な社会を描こうと見せながら、実際には共同体的な統合志向が明白であり、共同体論に帰着しているのだ。それらは相互に対立と葛藤を生み出し続け、また相補い合いながら教育体制の矛盾をいっそう深いものにして行かざるを得ないであろう。むしろ、いま国家の教育戦略がそのような選択を強いられており、「プラン」はそれをシンボリックに体現しているのだといってよいのかもしれない。そのことについて「報告」の作成者たちは、知らぬが仏と決め込んだか、もしくは知ろうともせずに憂国の士の気分で道義を説いたのだ。そうしたことを可能にしているのは、何よりも有事体制に向けた国づくりがスケジュール化され出した時代状況において、いざとなれば国家権力の発動によって「始末をつける」ことができるリアリティーを察知し、それを後ろ盾にしうると見ているからである。

## 「才能」原理による選別装置の重層化

「プラン」は「報告」の四つの観点を「施策」課題として位置づけ直し、それぞれをタイムスケジュール化している。そこに日本資本主義国家の二一世紀初頭の教育体制が描かれており、国家の教育戦略が打ち出されている。挙げられている四つの観点は 第一に「人間性豊かな日本人を育成する」、第二に「一人ひとりの才能を伸ばし、創造性に富む人間を育成する」、第三に「新しい時代に新しい学校づくりを」、第四が「教育振興基本計画と教育基本法」である。これを解読してみよう。

「選別・階層化」戦略は、「行き過ぎた平等主義による教育の画一化、過度の詰め込み」により軽視されてきたとする「個性・能力に応じた教育」の施策としての「才能」教育に焦点化されており、「多様な個性や能力を存分に伸ばすことができる教育システムの整備」が目標とされている。もっとも「個性・能力に応じた教育」はこの三〇年間、教育政策のお題目として繰り返されてきたものだが、いまそれは制度的システムによって実体化されつつある。それをもっとも象徴するものは義務教育段階からの「学校選択」の制度化である。いうまでもなく教育の機会均等原理は、「平等化装置としての学校」の社会的機能を予定しているものであった。しかし、周知のように学校教育による学力の平等保障は子どもの側の〈文化資本〉を左右する家庭間の不均等性に起因する格差の存続、拡大という現実の下で、「結果の平等」に向けた格差是正、実質的平等を主張するジョン・ロールズに代表される「公正としての正義」論によって補強されてきた。にもかかわらず、問題は結果や成果の不平等もしくは機会や自由・権利の不平等が依然として現実を支配し続けていることにある。こうした事態の中で、市場原理は教育のサーヴィス商品化、その購買者としての親や子どもを消費者として均一視する。そこでは文化資本の不平等性を背負う子どもや親の多様な社会的属性は無視されている。「個性・能力」の多様性は学力形成に関わる家庭の所得、資産などの〈基本財〉の不平等の帰結であるにもかかわらず、反対にそれが教育の自由の行使である〈選択〉の拠り所とされ、「才能」がその最も卓越した原理として公然と登場してきているのである。それが特権的な「エリート」原理であり、非エリートに対する排他的かつ差別的な原理であるのはいうまでもない。人間の多様性は能力の多様性に還元されないものだ。「才能」原理はこの人間の多様性の文化的収奪につながるものであり、「能力」の多様性を制度化するものだ。ここでは「均一」原理は「才能」原理と別物ではない。それらが「選択」原理を補完する政策原理として戦略化されている点に、今日的特徴があるのだといってよい。「学校選択」論を支えるのは、こうした「才能」原理にほかならない。これらを批判し得る対抗理論は「公正としての正義」論の再検証（たとえばアマルティア・センなど）を通して試みられてきた。そのような見方は問題を〈基本財〉の分配問題に還元することなく、それらを獲得されるべき自由に変えていくことのできる「潜在能力」

（ケイパビリティー）の問題にまで立ち入って、平等のあり方や共生を探求する理論的課題として提起されてきた。政策原理としての「才能」原理は、こうした不平等に挑戦する様々な試みを無為にすべく主張されている。

「プラン」が構想する「才能」原理による人間育成論は、教育による選別と階層化を正当化するものであり、不平等の制度化をあらためて実体化させ、社会内部の分断をすすめていくものだ。こうした選別・階層化が目指している教育システムは、六歳時におけるいずれかの公立学校の「選択」、一二歳段階での中高一貫制学校の「選択」、さらに一五歳時における高校、高専、専修学校などの「選択」、そしてこの過程をとおしての公立・私立の「選択」および「飛び級」の導入などによる重層的な選別装置の構造化を進めるものである。こうした上で行われる一八歳段階での「選択」は、多様化・類別化された「大学」の「選択」であり、職業配分機能の「最終段階」として選別を仕上げるのである。このように「選択」の自由は選別装置を起動させる動力源である。このシステムの中で行使された選択の結果、個人に配分された職業への分に相応した責任感を説くことによって、社会そのものの分断、分断化されていく社会の内部での階層化が醸成する不満や緊張に対処するというシナリオが用意されている。この場合、分断と選別が「能力」原理にとどまらず、民族やジェンダーなどの原理による差別としても構造化されている社会現実を見過ごしてはならないであろう。

このように学校制度の選別装置としての重層化は、教育における市場競争と自由化、選択と自己責任による社会の階層・分断化を進展させるとともに、それが生み出す問題に対応する公教育の再編として展開されつつある。

## 〈排除＝統合〉の構造と管理社会化の論理と現実

「報告」および「プラン」の基調となっているもうひとつの特徴は、社会防衛論の教育版とでもいうべき「学校防衛論」である。それは選別装置としての学校の機能不全につながる諸要因のあからさまで徹底した権力的な排除として提起されている。いじめ、不登校、校内暴力、学級崩壊、凶悪な青少年犯罪などが学校をおびやかす教育危機の原因だとされ、そうした当事者である子どもたちを「問題を起こす子ども」として排除する「出席停止措置」の強化が図られている。学校教育法二六条を改正して例示される停止措置の四項目は①他の児童の心身に損害を加える行為または財産に損失を与える行為②職員の心身に損害を与える行為③学校の施設または設備に損失を加える行為④授業その他の教育活動の実施を妨げる行為、などとされている。

こうした子どもを排除して成り立つ学校は、他方では「問題教師」の排除によって「防衛」される学校である。学校は「問題教師」を選別していく「実践的授業能力の評価」という名の監視と管理を日常化し、信賞必罰による教員支配を制度化していこうとしている。

学習指導要領の「義務づけ」という事態の下で対抗線は、かつての教育内容の攻防（教育課の管理へと引き直されてきたのである。管理の手段としての「評価」システムはいまや公教育の全領域を覆いつつある。この管理としての評価は、〈不適格性〉を「問題教師」摘出の基準として選別化と差別化を行うばかりでない。問題は〈不適格性〉基準が限りなく内面化され、行為規範として主体化され、自己評価・自己管理というシステムによって学校を内部変容せしめている点にある。ここに見られる「評価の内面化と日常化」および〈問題教師性〉の規範意識化による自己統制こそ、今日の教育支配を特徴づけるものだ。これは従来の管理が外形的な授業や行動を統制する規律権力によって行われてきたのに対して、自己評価申告制（東京都の人事考課制など）に見られる管理の内面化を促す管理方式は、単なる企業方式の準用にとどまらない新たな支配形態への移行を指し示す表象としてとらえねばならない。外面から内面へ、内部から外部へ、相互浸透する支配軸の振幅が権力に自在さを与えているかに見える。いま「評価」制度は大学を含む公教育における支配様式として全面稼働しつつある。「大学評価・学位授与機構」の創設もその一環である。

現代社会を特徴づけるものは、規律社会から管理社会への移行であった。規律社会を構成していた諸制度である学校、家族、病院、工場、等々がいたるところで危機に瀕し、さまざまな制度の壁が崩れ落ちつつあり、それに伴い規律の論理が制度の境界を越え、社会全体に浸潤したところに管理社会が立ち現れてきたのである。管理とは規律の増大・強化にしてその全般化にほかならない。このような規律社会から管理社会への移行において、内部と外部のあいだの

区別がなくなりつつあるのだと指摘されてきた。(マイケル・ハート「グローバルな管理社会」『思想』二〇〇〇年八月)

いまや、これまで学校を外部から隔てていたもろもろの制度的原理がつぎつぎと権力的に取りはずされ、この進展する事態の本質を捉え損ねて戸惑いもみられる。教員免許状所持を条件としない学校事務職員、社会人、企業家たちの校長への任用。不適格教員の事務職など他職種への配置転換。地域に開かれた学校を掲げて、学校運営への地域の名望家たち――地域権力を背負う「素人」の参与を図った学校評議員制。これらを現象面から見れば、たしかに近代学校を支えてきた〈専門性〉原理からの「逸脱」に見える。こうした類似現象は八〇年代はじめの校内暴力対策としての「学校・警察連携」や八〇年代末以降に大学において既成事実化された産学協同＝融合、国立大学教員の企業役職の兼務などとしてあり、それは先行的に実体化されてきた。そこでは公私の原理、自治と自由の原理からの逸脱が、当初は控え気味に、その後は融通無碍に行われてきた。「開かれた学校」は外部による内部への監視によって成り立っている。学校内部での職務命令による上意下達と自己評価による「内面」管理の確立は、「公開」を阻んでいた制約要因を取り去ったのである。教育委員会の公開、情報公開を含むさまざまなレベルでの「公開」は、管理にとっての障害から管理の必要条件に置き換わったのである。こうした変転はいま、「プラン」が意図する「家庭と教育機関と地域社会」の連携論にも見られる。私的領域と公的領域とのあいだの境界線を権力的に取り払い、「家庭教育力の再生」を掲げて、私的空間に介入して管理するのだ。これとは逆に、学校空間への私的空間の取り込みも進行しつつある。このような事態は、私事性と公共性の相互浸透という次元を越えている。市場競争、自由化に対して公共性を回復させて学校の再生を説くさまざまな論議は、こうした事態を生じさせているグローバル化と公教育を新たに再編しつつある現実と論理にどのような批判的対抗軸を設定しようとするのだろうか。

新設予定のコミュニティー・スクールは、経営効率化を目標とする地域と企業と行政機関が一体となって運営される学校であり、設置形態、経営方式および事業目的における公私関係の新たな制度化を意味する。現在、提唱されている「学びの共同体」論による学校づくり論は、教育主義による「下から」の「境界」越境の試みとして、「改革」に呼応するものだ。公私、官民、内部と外部の交錯、公認の「相互侵犯」、こうした文脈の中で国立大学の独立行政法人化政策も提起されてきたのである。

しかし、以上のような事態を「逸脱」が一般化されていく過程として見るべきではない。規律社会の制度の一つとしての学校は、外部に対抗し内部を支えてきた規律の論理――たとえば専門性原理――による制度の壁を崩しつつあるが、それは専門性原理を無効とするもの（逸脱）ではなく、むしろその外部への一般化および外部原理の導入によって、その内部における規律による支配の再構成を促す契機となっているからである。たとえば生涯学習の論理は教授＝学習の論理の社会への拡大・越境であったといえるだろう。そこでは内と外が相対するという次元さえすでに超えられているのだ。こうしたことは教育改革において進められようとしている公教育再編のあらゆる局面で生じている。国家戦略としての教育における〈排除＝統合〉は、現代社会の管理社会化という状況の中で生じている傾向的な現実としてとらえるべきであろう。その意味で、これは反動でも復古でもない〈権力の新しい仕組み〉なのだ。

かつて公教育批判の課題としての〈専門性〉批判は、〈素人性〉という近代の対抗原理とともに、〈労働者性〉や〈人間性〉さらには〈民主制〉という論理を対置してきた。しかしそのいずれも、今日、資本と労働、生産と消費などの関係を基礎とする支配、服従、抑圧の諸関係を縁取っていた輪郭の明白さの喪失とともに、批判的論理としての有効性をそれらに先験的に与えるわけにいかなくなってきた。問題は、内部と外部をつらぬく支配と権力の様式に対して、内部と外部を結節化していく対抗線をあらゆる問題の先端でつくりだしていくことできるかどうか、そのように提起されている。

## 教育基本法「改正」反対の論理をめぐって

「国民会議」は教育基本法の見直し、改正に着手しうる口実のためにつくられたのだ。そのことは前述したとおりである。これに反対する立場からは、教育基本法を擁護せよ、という主張が行われてきた。これとリンクしている憲法「改正」をめぐる状況との関係でいえば、「改憲」「護憲」「論憲」から「創憲」に至る論議のスタンスは、教育基本法をめぐっても同様にいえることである。

周知のように、それは戦後教育を憲法・教育基本法体制と見なし、戦前・戦時期の天皇制・教育勅語体制に対比させ、それを民主的教育体制として捉えて肯定するか、他方、それを日本の伝統的価値を欠落させた教育体制と見なして否定するか、この双方の振り幅のなかで論議の枠組みが設定されてきた。この両者は一見、対立しているように見えながら、憲法・教育基本法体制を戦後教育体制として捉える場合の認識において、次の点で根っこのところを共有してきた。教育基本法は憲法における象徴天皇制による天皇の戦争責任の免責と不可分な関係にあり、そのことが戦後教育体制の歴史的性格を決定づけ、その結果、そこに付着してきた根本問題を不問に付しつづけてきたのだ。「肯定派」は、教育基本法が象徴天皇制と天皇の免責に裏打ちされてきた事実を直視しようとはしてこなかったのだし、「否定派」はこの事実にあえて触れないことをもって、教育基本法を攻撃の対象にしつづけてきたのだ。このように教育基本法に対する認識において、事実を直視せず、現実を隠蔽しようとしてきた点で、両者はベクトルを異にするとはいえ、戦後認識における歴史責任を果たしえなかったのである。これは日本における二〇世紀の後半の半世紀が抱え込んだ深く重い負性なのである。

もとより、「肯定派」による憲法・教育基本法論とこれを支えてきた国民教育論への批判がなかったわけではない。しかし、国民教育論批判が、以上のような戦後教育論の磁場を思想と実践において無効にしうるまでに至らなかったのも事実である。

いま、教育基本法の「改正」を目指す国家戦略は最終コーナーにさしかかっている。こうした状況において、「改正」に反対する立場を明確にしておく必要がある。それは、教育基本法の擁護においてではなく、教育基本法体制が抱えてきた歴史的負性の克服を、国家によって決着させることなく、われわれが自らの課題として引き受ける可能性を放棄しないためにこそ提起されなくてはならないのだと思う。

「プラン」は教育基本法の「改正」「見直し」を中教審に諮問し、その実現の道筋をつけている。「日本人の育成」論に帰着する日本ナショナリズムを基盤とする公教育再編の構造は、かつてない重要な局面にわれわれを導いている。そうしたことは、公教育が「心の教育」「道徳教育」「奉仕活動の義務化」を導入し、それを通した「日本人の育成」を目指そうとしている点にも明らかである。教育基本法は「国民の育成」を教育目的にした国民主義において、「日本人の育成」論につながる負性を抱えこんできたのである。

この点に論及しておこう。よく知られているように、教育基本法の制定時に問題とされたひとつは、個々人の生き方と個人に帰属すべき事柄である教育の目的を法によって規定することの是非であった。国家による教育目的の法制化への反対論もしくは慎重論は、「従来教育勅語が占めていたが、それが除かれたことによって生じた教育法令や空白をみたすために」（田中耕太郎『教育基本法の理論』）という論法によって退けられ、教育理念、教育目的が法の形式によって規定されたのである。教育の価値観をめぐって個人より国家を優位とする点において、教育基本法は教育勅語による教育支配のあり方を継承してきたのである。「改正」はこの形式を前提に、その内容においても教育目的に伝統的価値、日本人育成論などを組み込もうとしている。教育勅語と教育基本法を貫いてきた教育支配の構造とそこにおける天皇制の存在は、憲法・教育基本法体制の歴史的負性に関わっている。この点も、われわれが自らの課題として問うべく、なお提起されているものだ。

以上のような戦後教育への歴史的評価は、それが教育普及に果たしてきた役割を正当に評価することがなければ、問題認識を誤るのではないかという指摘はありうる。それには異存はない。しかし、ここではあえて問題の所在を明確にするために、〈歴史的負性〉に言及したのである。教育基本法の「改正」に反対する論拠を、権力批判に求めるだけでなく、われわれ自らの歴史責任としても問うことが必要だからである。

今日の国家戦略としての教育改革は、その内容と形式においても戦後の公教育体制の再編の画期を刻むものだろう。しかし、そこにおける教育改革の方位は未だ定まっているわけではない。

（二〇〇一年五月）

# 教育基本法と自由の現在をめぐって

## 一 自由と公共性

自由と公共性をめぐる論議は、教育基本法の過去、現在および未来にかかわる評価においても核心的位置を占めている。そして自由の問題はいま、いっそう重みを増している。こうしたことは過去半世紀の時代状況が教育基本法に対する評価と認識を左右してきた経緯のうちに見られる。被占領期、「逆コース」期、高度経済成長期を経て冷戦体制終結から現在まで、とくに一九七〇年代初頭には、たとえばつぎのような見方があったことを想起しておきたい。「憲法・教育基本法制を所与の動かしがたい不磨の大典として物神化することではない」（牧柾名『教育権』新日本図書、一九七一年）、あるいは歴史的観点からすれば「それが憲法・教基法の絶対視・神聖不可侵視とは無縁なものだということがまず了解されていなければならない」（堀尾輝久「教育原理からみた憲法・教育基本法」『法律時報』一九七一年六月）というのがそれである。

ここから当時「物神化」するような見方があったことがわかるであろう。実際、そうした普遍的に絶対視する評価と認識を求める立場が一方にあったのである。他方それを批判する立場から教育基本法を近代公教育法と見なし、それが内包する矛盾の所産において教育現実をとらえようとする見方が提示され、それ以後、教育基本法は後者にしたがう歴史認識の対象とされてきた。

教育基本法制を近代公教育法制と見なすのは以上の観点からである。「近代公教育とは、『私事』としての教育秩序を国家が組織し保障する体制である」（持田栄一）とされた。敷衍すれば、それは教育を受けることを権利として保障し、その保障を通して教育における国家支配を実現していくような体制である。いいかえれば、「保障」を通して「支配」を実現し、「支配」を実現するために「保障」を行う教育体制である。こうした教育基本法体制下の教育現実は、資本制公教育としての産業経済上の構造的矛盾および近代国民国家のもとでの個人と国家をめぐる国民教育体制の矛盾を通して展開されてきた。この点を戦後教育改革における戦前・戦時期からの「断絶」と「連続」という周知の論議に据えれば、今日、近代的諸原理による改革の「断絶」面とは別に、象徴天皇規定による天皇制および文部省の存続、強制的な義務教育制度などに起因する「連続」面にかかわる問題性が指摘されなければならない。それらはいずれも公教育における自由のありように影響を及ぼしてきたからである。「日の丸」「君が代」強制にみられるナショナリズム、「学習指導要領」「教科書」にかかわる国家統制および「障害児」を「普通児」から分離する別学強制、在日朝鮮人の民族教育への排外主義を含む差別・管理主義的義務教育などがそこに関係している。これらは教育基本法制が保障と支配の関係を構造化した国民教育の法制的枠組であることにも由来してきた。もとより一連の戦後改革は、憲法・教育基本法による近代化を推進したのであるが、占領当局、日本側支配層の政治的諸利害、教育改革を主導した部分の思想と自覚に左右され、戦前・戦時期の国家体制を成立せしめていた諸法令規にかかわる法的思惟・観念にとらわれ、近代公教育として具備すべき自由主義的観念において十分でなかった点は周知のことに属する。

## 二　教育基本法体制下の教育現実

以上を踏まえたうえで、教育基本法体制が何を実現し、何を問題として提起したか、二つの観点からに限定し触れてみたい。

第一。教育基本法体制の半世紀において、教育の普及はもっとも際だったもののひとつである。教育を受ける権利の保障、教育の機会均等の原則は義務教育以後の在学期間の延長、進学志向上昇の持続などによる高学歴化をともなう学校化社会の出現をもたらした。これは大学の大衆化に象徴される教育の量的普及、形式的な平等であるにせよ、「民主化」の達成の指標とされてきた。ここに限定すれば、教育の「平等化」を実現したという一点で歴史的な評価が与えられるだろう。高度経済成長政策の開始以降、公教育の基盤に対する産業社会からの規制力の浸透は、それを上回る市民社会的機能としての学校の職業配分機能への大衆的期待を醸成し、進学志向を持続的に上昇させてきた。産業的な自由な領分への公的規制は、学校機能を公私・官民に二分し、一方での塾・予備校に体現された教育産業の形成と高等教育段階での圧倒的な私学依存による市場競争の構造をつくりだしてきた。こうした「自由」と「規制」の相互補完構造こそ、学校化社会にともなう「歪み」「病理」とされるものへの政策的対応（教育改革）の母胎である。画一的な管理教育、不登校・登校拒否にかかわる様々な現象、「運動」や行政対応は、こうした教育過剰・学校過剰の帰結であり原因である。教育基本法体制はもともと福祉国家的教育構想の埒内にあり、それは〈生涯教育〉から〈生涯学習〉への政策理念のシフト変更をめぐって、規制緩和・新自由主義の時代における法制的枠組みとしての有効性が問われつつある。くわえてそれは伝統的価値の復権と結びついた国家主義的立場からの教育基本法の見直し、改編にも直面してきている。これらは教育の量的普及という点で公教育がかつてない段階に到達した時代において、当の教育基本法に強いているものである。

第二。教育基本法は教育が「不当な支配に服することなく」行われるものとした。しかし、過去半世紀の間、とくに文部省、教育行政当局による不当な支配がなされたとして、その不当・違法性を問う訴訟、裁判が続けられてきた。勤務評定、「学力テスト」、教科書、学習指導要領、「日の丸・君が代」などをめぐって、三〇年間以上に及ぶ裁判を含めて「不当な支配」とは何か、それが問われたのである。そこでは周知の「内外峻別論」に基づき指揮・命令・監督的な権力的作用と指導助言・助長的な非権力的作用とを識別し、前者を行政当局による「不当な支配」とみなした。近代的な専門性原理に基礎を置く後者を「不当な支配」から外し、いうなれば前者に対抗していわば「正当な支配」として受容する傾向が生じた。そこでは「法による行政」「指導助言」「行政裁量」「慣習法」などが支配の正当性を支えるものとみなされた。しかし、教育の専門性といった近代的原理を含むそれらが、むしろ前者とならび、あるいはそれ以上に「公の支配」として教育における支配機能を果たすものだということが批判的に認識されてきたとはいえなかった。実際、指導助言がもつ支配機能こそ、現代公教育の問題性として自覚され、教育基本法体制を検証していくうえでの重要な観点の一つであると指摘しておきたい。

以上のことは、とくに学校の中での「日の丸・君が代」の強制と指導をめぐる思想、良心、信教など、政教分離原則をふくむ精神的諸自由の侵害と保障の問題として問われ続けている。これらの裁判に関する判決は、たとえばつぎのように記している。

「国歌とか、それと同視される歌は、国民各人のこころの深層に内在するシンボルの一つでもある。国歌ないしこれに準ずるものとして、君が代の内容が相当か否かは、内心に潜在するシンボルの適否の問題といえる。それはもともと、国民ひとりひとりの感性と良心による慣習の帰すうに委ねられるべき性質のものである」（京都「君が代」訴訟一審判決　一九九二年一一月四日）。「国内法において国民統合の象徴として用いる場合の国旗についてはなんら法律が存在せず、国民一般になんらの行為も義務づけておらず、日の丸旗をこの意味で国旗として用いるかどうか、いかなる場合に掲揚するかは国民の自由な意志に委ねられている」(「日の丸焼却事件」一審判決 一九九三年三月二三日)。

## 三 おわりに

現在、学校と教育をめぐる論議の重心は〈自由〉にある。それは差別からの自由を含む。戦後の教育基本法体制は教育を普及し、教育における平等という点では、その内実に多くの問題を内包しつつも、自由を探求すべき一定の与件を確保した。進行中の「自由化」政策は国家の側からの選択であり、他方、これに対する自由の探求の方位は様々であるが、明示的ではない。新自由主義に対する「新福祉国家」的教育構想の対置は、自由と公共性をめぐる公共性の側からの自由の再定義を意図するものであろうが、教育における自由はいま、国家的公共性をこえた市民的共同性において目指されている。教育基本法はこのような時代の中におかれている。

(一九九七年八月二九日)

# 教育基本法と戦後責任の問題
## 「憲法・教育基本法体制」認識をめぐって

### はじめに

敗戦五〇周年を契機に戦後五〇年とは何であったか、それが様々な分野で問われてきた。そこにおいて論じられてきた要点の一つは、戦後日本国家における戦争責任あるいはそれを果たさないできたことへの〈戦後責任〉の問題であり、なおもそのような責任を問われ続けている戦後国家とは何であるのかという問題であった。こうした問いは戦後国家のあり方と不可分な関係にある公教育に対しても同様に向けられたといってよいだろう。このような観点から戦後公教育が問われたとすれば、それはその法制上の基本的枠組みである教育基本法にとっても同様であると言わねばならない。しかし問題はどのように、何が問われたのかということである。ここではこうした問題意識に立脚し、これまでの教育基本法に対する認識およびその評価について吟味し、戦後における国家と公教育をめぐる構成原理とその関係構造に内包される問題、それに関わる教育学研究における戦後責任とは何か、それらを検討してみたい。

## 一　教育基本法認識と象徴天皇制――問題の所在

### (1)「憲法・教育基本法体制」は戦後改革によって成立した教育体制ないしは教育法制であるとされてきた。[1]しかしこのようなとらえ方の前提になっていたものの見方に問題が含まれていたのではないか。ここでは教育基本法と象徴天皇制という観点から問題の所在について触れておきたい。

これまで教育基本法は制定時における立法者意思に照らして「教育法が準拠すべき準則」、すなわち「教育憲法」ないしは教育根本法にあたるものとみなされ、その準憲法的性格が指摘されてきた。「教育基本法が日本国憲法の付属法律として取り扱われた」とする指摘もそうしたものの一つである。[2]こうした点とともに戦前の教育体制を「帝国憲法・教育勅語体制」あるいは「天皇制教育体制」「旧天皇制教学体制」などと呼称するのに比して、一般に戦後のそれを「憲法・教育基本法体制」としてきた。教育基本法は憲法と一体であるとされたり、「教育基本法は基本的には憲法の精神を受けてつくられている」[3]というような見方もそうした文脈で言われてきたものである。

周知のように「教育勅語体制」もしくは「天皇制教育体制」は近代日本における一八九〇年以降に成立し敗戦に至る教育体制を総称する見方として用いられてきたが、今日、それらは史実の分析、検証に照らしてみると歴史認識としては問題を含んでいるのではないかとする指摘が教育史研究の分野からなされてきた。たとえば「教育勅語そのものは公布当初から廃止される日まで一貫して十全な有効性を保ち続けていた訳では必ずしもなかった」とする史料分析を踏まえた指摘の上で、「教育勅語そのものの戦前全期間中の一貫した『実効支配』を強調する」ような従来の通説に疑問を投げかける見方などがそれである。[4] あるいは「『教育勅語体制』という認識について言えば、『憲法・教育基本法』に対置されるべきものはイデオロギー過程に注目した『教育勅語』ではなく、あえて言うならば『帝国憲法—諸学校令』であった」などをあげておきたい。[5] これらはいうまでもなく教育勅語という観点から諸々の歴史現実を説明し、教育勅語体制という枠組みに繰り入れて諒解してしまおうとする史観とその方法への反省を求めるものである。以上のことは教育支配に関わる歴史事実をどのように認識するかという問題をあらためて提起したものであり、それにとどまらず戦後の同時代認識においても受けとめていかなければならないものとしてである。

ところで戦後の日本国憲法の基本構成原理は一般に国民主権、基本的人権、平和主義という三原則にあるとされ、教育基本法はこれらの憲法原理を踏まえて制定されたものであり、前記のように憲法と同様な精神で教育に関わる根本原則を定めたものとみなされてきた。「憲法・教育基本法体制」という認識にはこのような見方が含まれており、前提となっている。

ところで憲法は三原則とは別に、象徴天皇規定を有しており、それと三原則との関係をどのようにみるか、あるいは「天皇制」の根拠をどこに求めるかという問題は、憲法学における主題の一つとしてし論じられてきた。その後とくに国民主権と天皇制、基本的人権と天皇制、あるいは天皇制と平等原則との関係などにおいて、両者の間に原理上の対立と矛盾があるとされてきたことはいうまでもない。

（2）憲法において天皇を象徴とする規定がなされた経緯、天皇制度が存続せしめられた理由についても、ここではとくに触れない(6)。問題は次の諸点にある。すなわち、憲法上の天皇の象徴規定に関わる法解釈の問題というより、戦後における天皇の存置および天皇制度の継続が「天皇ノ国家統治ノ大権」とされた「国体」を解体・否定する一方、なによりも天皇の戦争責任の免責を通して、連合国占領権力への服属と日米安全保障条約体制への包括という戦後日本国家のあり方と深く連動していたという点である。こうした事情こそ、今日に至るまで国家による戦争責任を回避させ続け、国民主権と天皇制、人権と人権侵害を生み出す天皇制との間の矛盾、対立の淵源となってきたものであり、それればかりでなく国家主権の行使に関わる自律性の欠如をもたらしてきたとされる基因なのである。憲法学者からは、それは憲法上、象徴天皇が存在すること自体に問題があるのだとする指摘としてもなされてきた(7)。こうした戦後国家の構造はもちろん、戦後公教育の構造、基本性格を規定するものとしてあった。それゆえ、公教育の法制上の枠組みである教育基本法は、象徴天皇規定とどのように連関しているのか、それが問われて当然であった。言い換えれば、「教育基本法と象徴天皇制」の関係という問題が立てられ、それが論究されてしかるべきであった。確かに教育基本法の制定時に、特に第一回および第二回教育刷新委員会では教育勅語の取り扱いが論議され、文部省による通牒「勅語及詔書等の取扱について」（一九四六年一〇月八日）なども出され、[8] また周知の「法による教育目的規定の不当性」論議での戦前教育の歴史的認識と評価が問題にされたという事実を挙げておくべきであろう。[9] しかし象徴天皇規定との関係においては、管見する限り、これまでこうした問題意識から教育基本法を取り上げる試みがあったとはいえない。むしろ「憲法・教育基本法体制」という見方の中では、それは当初から論議の対象から外されていたといってよい。これは憲法原理からすれば、象徴規定は不整合でネガティブなものであり、したがって教育基本法に相反するものとして無視するか触れないでおくのが良策だとする判断が働いてきたからではないか。実際、従来からの教育基本法を論じたものにあって象徴天皇制との関係は明確な問題意識の下で論究されてきたわけではない。

（3）こうした現状こそ「憲法・教育基本法体制」という認識を権利保障の体系という側面に止め、他方の教育支配の体系という側面からそれを論じることにまで結びつけなかった理由なのである。それゆえに憲法に内在する矛盾――普遍原理と天皇原理との矛盾――という観点を含み込んだ教育基本法認識を伴うものとならなかったと言わねばならない。したがって戦後、政府・文部省によって展開されてきた象徴天皇規定に由来する「日の丸」「君が代」などの様々な一連の政策に対しては、それらを教育基本法からの逸脱、違法の問題として位置づけすることはあっても、教育基本法に対する認識のあり方それ自体にも内在する問題であるとするとらえ方までに至らなかったのである。こうしたいわば外在的批判にとどまる内在的批判の不在こそ、戦後公教育において象徴天皇存在に起因する様々な教育現実を批判する理論作業を阻んできたものではなかったであろうか。

再記すれば「憲法・教育基本法体制」という認識においては、それが近代の普遍原理に基づいて構成された教育体制だとするものであった。そのことによって、他方では象徴天皇規定により枠づけされた戦後国家の教育支配体制であるという側面が軽視され、こうした観点を含む構造的理解を深化させることなく、問題意識の外へと放置させてきたと言えるのではないか。戦後改革における「戦前・戦中」との連続・断絶論争もそこに関係している。なお付記しておけば、ここでは近代と前近代という問題構図においてでなく、憲法三原則の構成原理とそれとは相違する原理との相関という観点で問題にしている。

以上に指摘した点はかつて教育基本法体制を普遍的理念型としてとらえる見方を批判し、それを近代公教育としての本質と現実形態をめぐる限界と矛盾において認識することを課題として提起した持田栄一の公教育論においても、その理論構成に自覚的に組み込まれていたわけではなかった。[10]この点に限れば、筆者の教育基本法認識においても同様な面があったということを認めておきたい。[11]

次のような言及も以上の点に関係するものである。「国民主権を第一原理とした場合に、象徴天皇制なるものをどういうふうにとらえるか、そのへんも大事な問題となってきていまして、それは私たちも本気で考えなければならない問題であるのです」[12]。これは教員免許法改訂（一九八九年）による憲法二単位必修にともなう天皇学習の位置づけに触れて述べられた箇所である。こうした「憲法・教育基本法体制」という見方を説いてきた論者として「象徴天皇制なるもの」がどのようにとらえられていたか、その認識のありようを示すものであろうし、その点に関する認識を示す責任があろう。

いずれにせよ、象徴天皇制に関わる戦後の現在に至る教育状況の進展は、こうした事態に対する批判的理論や認識の不在と無縁ではない。そのかぎりで「憲法・教育基本法体制」というとらえ方に含まれている問題性が批判的に吟味され、教育現実に照らして検証に付される必要があろう。それは教育基本法の歴史的評価と今日における意義についての再検討を不可避とするとともに、より広い意味での戦後責任を問うものとなろう。

## 二　教育基本法と「日の丸」「君が代」問題

（1）以下において教育基本法をめぐる認識と評価の問題性を教育現実に触れて指摘しておきたい。

一九九八年七月一七日、北九州市教育委員会は本年の卒業・入学式において「君が代」斉唱時に起立しなかったことを問題として教職員五人を懲戒処分にした。周知のように、文部省によって「日の丸・君が代」指導の徹底通知（一九八五年九月）が出された。それ以降の一〇年間に限定しても全国の教育行政当局は約八六〇人以上におよぶ教職員に対して厳重注意、訓告を含めた懲戒処分を行ってきたという事実がある[13]。上記の処分はその後現在も続いている処分行政であり、これは特定の問題で実施されてきた処分のあり方としては他に例を見ない事態となっている。これらは処分庁である教育委員会が教職員に対する服務監督行政として行ったとされるものである。他方、こうした行政処分を違法・不当、不服として人事委員会や裁判所への提訴が行われ、裁判が続けられている。すでに人事委員会での裁定や地方裁判所、高等裁判所で幾つもの判決が出されてきた。こうした経緯の中で「日の丸」「君が代」問題は事実の解釈レベルでの特有な論争をつくりだしてきた。

（2）そこで問題にされてきたのはおよそ次の諸点である。第一は国旗、国歌について現行法上の規定をめぐるものである。国内法において「国民統合の象徴」としてのいっさいの法律が存在しない（一九九七年時点）にもかかわらず、学習指導要領においては国旗、国歌と明記している。そのように規定できる根拠は何か。第二に学習指導要領は「日の丸」「君が代」を国旗、国歌と明示し、その掲揚、起立斉唱を義務づけできるとしている。それは強制に当たるが、法律の根拠なしにそのようなことができるとする理由は何か。第三に学習指導要領に関して、その大綱的基準説における法的拘束力の有無に照らしても、それらの義務・強制を認められるものではない。法的拘束力があるとする根拠は何か。第四に「日の丸」「君が代」の学校での強制は思想・良心の自由、信教の自由を侵害するとみなされるゆえに、憲法原理に抵触し、人権侵害として違憲にあたる。それは子どもの人権を含む学校の中における市民的自由の問題であり、公教育における憲法的自由の保障に関わっているが、それをどのように考えるのか。第五に、そうした強制は公権力による自由の侵害であり、行政権力による「不当な支配」に当たり、教育基本法第一〇条に違反するものではないか。第六に、「日の丸」「君が代」は戦前期天皇制国家の表象・象徴であった。国民主権下の戦後国家においては適切でなく、またアジア太平洋地域への戦争責任を踏まえれば問題があり、とくに「君が代」の歌詞は天皇統治を賛歌するもので違憲に値する。この点をどう考えるのか。

以上のような諸点に対する主たる反論はおよそつぎのようなものである。

「日の丸」「君が代」を国旗、国歌とする見方は国民の中に定着してきており、国民感情、国際慣行からみても、慣習法上の根拠を有するものとなっている。天皇は憲法上、国民の総意により象徴としての法的地位を認められており、天皇の象徴規定と国旗、国歌は矛盾しない。国民として自国の国旗、国歌を尊重するのは、他国のそれらを尊重するのと同様に国際化の観点からも重要であり、それらを尊重する態度の形成を学校教育の教育課題とするのは当然である。「国旗掲揚」「国歌斉唱」の義務化は、児童生徒の内心にまで立ち入って強制しようとするものではなく、教育指導上の課題として指導するものである、などである。

(3) こうした事実および法の解釈をめぐる論争について、佐藤秀夫氏はそれが政治性を帯びざるをえず「堂々めぐり」となっているとし、この次元での論議に変動をもたらすために、一旦は事実史をくぐらせてみる必要があると指摘している。この観点からなされた同氏の検証作業は貴重である。[14] こうした文脈からすれば、それらに法的根拠がないことを論議するより、国旗、国歌として法的根拠がないにもかかわらず、国旗、国歌またはそれに準ずるといったような現実理解がなぜあるのか、そうした事実認識をめぐって論議する方が効果的だとする指摘も同趣旨に立つものだといってよい。[15]

ところで佐藤氏は「日の丸」「君が代」のいずれも、そのままで今日の日本の「国旗」「国歌」であるとみなすには多くの問題性があるのは明白だとして、特に三点を指摘している。第一は、それらを「国旗」「国歌」とみなす史的根拠の薄弱さである。第二は、それらは敗戦時まで存続していた近現代天皇制を軸とする日本の統治体制、「大日本帝国」そのものの国家表象にほかならなかったという、歴史責任性を回避することができないという点である。第三は、「日の丸」「君が代」に批判・反対する自由を、どのように保障するのかということである。[16]

以上に集約された諸点は、いずれも事実史の検証を踏まえて提示されており、この問題に対して私たちが受けとめるべき課題として提起されているものである。とりわけ、「日の丸」「君が代」問題は現在の日本において憲法に規定されている言論・思想の自由が実質的にどの程度保障されているのかを示すバロメーターになっているのだとする指摘は、歴史責任をいかに果たすのかということと共に、それを憲法的自由の問題として問うものである。[17]

問題はこうした自由を公教育における問題としてどのように捉え直し構築していくのかということになろう。「論争」の「堂々めぐり」を断ちきり、強いられてきた不条理な問題状況の責任を国家や公権力に帰すだけではなく、自己の問題としても問うことが必要であろう。

## 三　教育基本法と国民教育論の戦後責任

（1）先に「憲法・教育基本法体制」という認識に含まれている問題性を指摘した。それはここでも同様であり、戦後教育学研究の歴史責任が問われているに相違ないのである。これまで国民教育論をめぐって論じられてきた問題はまさにこの点に関係している。

たとえば在日朝鮮人である尹健次氏は「戦後教育における『民族』の問題」を論じた中で、戦後日本における国民教育論の戦争責任、戦後責任を問題とした。そこで「教育基本法に、歴史的存在である民族集団としての日本人が果たすべき、戦争体験の思想化や戦争責任の自覚といったものを、直接読みとることは困難である(18)」と指摘した。これは教育基本法に対する一つの認識評価であり、在日朝鮮人の側からする態度を表明したものである。そこで問題にされているのは、教育基本法の前文や条文における戦争責任の明示の不在というよりは、天皇の象徴規定を置く憲法とセットにされて教育基本法が抱え込んできた負性にたいする自覚の欠如なのだとする方が、尹氏の論理のすじみちに沿った受けとめ方であろう。ただここで戦争責任の主体として「民族集団としての日本人」を設定しようとする見方には、にわかに同意しがたいものがある。戦後における天皇の戦争責任の免罪に責任を負い、それを天皇制の問題として問おうとするものに対して、「民族集団としての日本人」という立場をくぐらせることによってその主体たりうるという主張だとすれば、それは受容できる自明の見方というわけにいかないのである。

というのは、ある民族による他民族に対する抑圧・支配への責任は、いったんは「民族」という共同体ないしは共同性のフィルターを通過することで果たされるということであれば、そのような同一性という集合性への自己同一化によってではなく、むしろそれとは異なる個別性や差異に基礎を置くような関係のありようにおいてこそ可能なのだといえるのではないか。この点は同義でないにせよ、民族とともに「国民」においても同様なことが言えるのであって、こうした点についてはすでに尹氏にも問題提起をしている。(19)

(2) 国民教育論が問われてきたのは、まさに以上のような文脈においてであり、憲法・教育基本法体制のもとでそれが果たしてきた役割が問題とされたのである。今ここで戦後において説かれてきた様々な国民教育論の系譜やその内容に立ち入って触れることは控えたい。以下の行論との関係でのみ言えば、国民教育は近代以降の国民国家において国民形成および国民統合の機能をになう教育のあり方であり、特殊歴史的性格において組織された近現代公教育の教育体制である。戦後日本の憲法・教育基本法体制は戦後国家の構成原理を土台とした国民教育の体制である。これに対して、端的に言えば国民教育論は理念として想定された「国民」の創出・形成を目指すものとして説かれてきた。

このような国民教育論について一九八〇年代はじめに次のように指摘したことがある。「国民教育がどのような理念や解釈をほどこされようとも、国民主義＝国家主義という意味で、国民教育であることを免れるものではない。戦後教育において、国民教育は『体制』保持の教育のあり方以外ではない。『反体制』の側が国民教育論を説くことで『体制』は労せずして国民意識＝国家意識の形成を手に入れ続けてきた。それればかりではない。国民とか非国民とかいう観念や関係意識をその主観的意図とは別に再生産している。人びとをそうした観念で政治的に腑分けして支配していくような構造を醸成してきた」。こうした点で、国民教育論はその歴史的責任を問われざるをえないであろうと指摘した。[20]

以上とは別に近年においても、「『国民教育論』というタームがもう時代遅れだということから、これまでやってきたことを〝つまらないことをやっていた〟というような形で流してしまってはいけない」として、国民教育運動を総括する立場が示されてきた。[21] しかしながら五〇年代後半以後から今日まで、そうした「運動」は「憲法・教育基本法体制」という認識が有する問題性において、象徴天皇制と内的連関構造のもとに規定されたというべき「国民の育成」を批判的に対象化してきたと言えないのではないか。この点は教育基本法の第一条にも関係するものであるが、すでに前記した「教育目的」の法律による規定の是非をめぐって行われてきた論議に解消されるものではない。確かに「個人の内面にかかわる事項を包含する教育目的を法律で規定することは問題」であり、憲法的自由権の保障からみて「それは日本国憲法規定と両立し得ない」とされてきたし、それにもかかわらず規定されたのは、教育勅語に依存した「天皇制国家の特殊性から由来する」ところがあったからだとする指摘もなされてきた。[22] こうした論議が継続されていく意義は依然としてあるだろうが、以上において問題にしてきた事柄はこの次元での憲法との関係ではない。

すでに言及したとおり問題は戦後国家および戦後公教育を構造づけてきた負性、すなわち国家による戦争責任、戦後責任を回避させ続け、それに固執させてきた憲法による天皇制の存置とそうした構造の下におかれてきた教育基本法の被歴史的制約性をどのようにとらえるのかという点にあり、そこに問題のありかがある。「憲法・教育基本法体制」というとらえ方とそうした認識の仕方を問題にしたのは、そのような課題意識に出ている。すなわち、それが憲法三原則に対応した評価の位相に教育基本法を押し止めることによって、結果として象徴天皇制による統合機能の強化とその定着を図ってきた教育政策の展開および国民教育論と国民教育運動による教育政策に呼応する「国民意識」の醸成を促すことになったと見るからである。その意味でも教育基本法が権利保障と統合支配を構造化した近代公教育の法体系であるとする認識が確立されていく必要が現在なお求められていると思う。

今日の教育状況は国民教育論の戦後責任を問うものであろうが、それに止まらず「憲法・教育基本法体制」に対する認識のとらえ直しは、戦後教育学研究のより広い観点から行われていく必要があり、戦後責任に新たな課題を提起するものとなっている。

（3）教育基本法を公教育における統合・支配の観点からとらえようとするこころみは、教育基本法を実現されていくべき価値や理念から意義づけ、評価しようとする立場が強調されてきた経緯や事情、あるいはそうした見方が教育基本法への消極的ないしは否定的な評価をもたらす指導もあって、公教育論の課題として検討することをためらわせる傾向があった。これは教育基本法第一〇条に規定する「不当な支配」をめぐる論議に関わる「正当な支配」もしくは「法による支配」への問題関心を左右させてきた。

かつてより「正当な支配」論の必要について問題提起をしてきたのは、教育基本法論を理念論や価値論あるいは法解釈論、さらにはイデオロギー論の次元においてではなく、資本制社会における教育機能の政治的かつ社会的な組織化として編成されてきた観点において、公教育論を検証していく必要があると考えてきたからである。近現代公教育は教育における国家、公権力による統治と支配のシステムであり、「公の支配」を前提としている。このことは価値認識の問題ではなく、事実認識の問題である。

以上のことからすれば、戦後公教育において展開されてきた教育支配の現実は、くり返されてきた「不当な支配」が堆積されてつくり出された結果であり、憲法・教育基本法に基づく「公の支配」の所産とみることができる。いいかえれば、戦後公教育の現在に至る過程は、「不当な支配」が「公の支配」に変容されてくり込まれ、正当化されてきた歴史過程としてとらえ直されていくことが必要である。[23]「憲法・教育基本法体制」とはそのような公教育の構造をもつ教育体制であって、前記したような「憲法・教育基本法体制」認識は結果として、このような支配のあり方を追認していく役割を果してきたのではなかったか。

戦後公教育は、戦後国家がその初発から抱え込んできた象徴天皇規定に起因する負性およびそれを内包する支配構造のもとにある。それは「国民教育」という観念や社会意識を培養し続けてきた。その結果、「国民」による統合と排除の装置である〈想像の共同体〉たる国民国家は新たな時代状況の中で国民教育に質的変容をもたらしてきた。私たちはこの事態への対応をめぐって戦後責任に関わる教育認識を問われているのだと思う。

（一九九七年）

注

（1）堀尾輝久『日本の教育』、東京大学出版会、一九九四年、三三頁。
（2）鈴木英一『日本占領と教育改革』、勁草書房、一九八三年、二八一頁。
（3）堀尾輝久、前出、九二頁。
（4）佐藤秀夫『教育　御真影と教育勅語　Ⅰ　続・現代史資料　8』、みすず書房、一九九四年、三三頁。
（5）尾崎ムゲン「天皇制国家教育分析についての覚え」『日本教育史論叢——本山幸彦教授退官記念論文集』、思文閣出版、一九八八年、一六頁。
（6）参照　杉原泰雄編『国民主権と天皇制——文献選集　日本国憲法2』三省堂、一九七七年。横田耕一『憲法と天皇制』岩波新書、一九九〇年。高橋彦博『日本国憲法体制の形成』青木書店、一九九七年。

同書において高橋氏は「象徴天皇制の形成を、占領政策の産物としてのみとらえる理解は一面的である。象徴天皇制の形成要因としては、国内政治の動向が充分に考慮されなければならない」（三九頁）とし、「象徴天皇制は、君主制の『社会化』構想にほかならなかった」（二五八頁）と指摘している。その是非は別として、ここでも国民主権の確立が必ずしも天皇制の廃止を意味しないとする見方にあったように、原則に関わる認識をめぐる問題性が問われるべきであろう。

（7）たとえば横田耕一「シンポジウム　天皇制と法」『法律時報―特集・転換期の象徴天皇制』一九八九年五月号、一八頁。

（8）参照　日本近代教育史料研究会編著『教育刷新委員会・教育刷新審議会　会議録第六巻』岩波書店、一九九七年。

（9）久保義三『昭和教育史・下・戦後篇』三一書房、一九九四年、一五四～一五五頁。および田中耕太郎『教育基本法の理論』（有斐閣、一九六一年）参照。

（10）参照『持田栄一著作集　6（遺稿）・教育行政学序説――近代公教育批判』「第Ⅱ部　戦後日本公教育の歴史と構造――教育基本法体制の特質」明治図書、一九七九年。

（11）拙論「教育基本法論」：故持田栄一教授追悼論文集編集委員会編『現代公教育変革の課題』日本教育新聞社、一九八一年。（本書に収録）

（12）堀尾輝久、前出、八八頁。

（13）参照　拙著『処分論――「日の丸」「君が代」と公教育』インパクト出版会、一九九五年。

（14）佐藤秀夫編『日本の教育課題　1「日の丸」「君が代」と学校』東京法令出版、一九九四年。

（15）籠谷次郎『近代日本における教育と国家の思想』阿吽社、一九九四年、四七五頁。

（16）佐藤秀夫編、前出、五七七～五七八頁。

(17) 同前、一二頁。
(18) 尹健次『孤絶の歴史意識』岩波書店、一九九〇年、六〇頁。
(19) 拙論「自由と共生の現在をめぐって」岡村達雄・尾崎ムゲン編著『学校という交差点』インパクト出版会、一九九四年、三九～四〇頁。なおこの箇所については次のものを参照した。加藤典洋『敗戦後論』講談社、一九九七年、栗原幸夫編集『戦後論存疑』レヴィジオン［再審］第一輯、社会評論社、一九九八年。
(20) 拙著『現代公教育論　増補改訂版』社会評論社、一九八六年、三〇六頁、
(21) 堀尾輝久、前出、二六六頁。
(22) 久保義三、前出、四七九頁。
(23) 「不当な支配」をめぐっては周知の内外区分論があった。外的事項と内的事項を区分し、後者に対する教育行政の介入が排除されるべきだとした主張は、近代公教育法制である教育基本法において規定された教育行政作用が、現実にはいずれも「公の支配」として機能するという認識を踏まえたものではなく、その観点から批判に付されてきた。特に指導助言行政を監督命令行政と区別しその非権力的作用を肯定的にとらえる見方を批判し、その専門指導性が内包する支配機能の問題性の解明こそ公教育論の一つの課題であるとした指摘（持田栄一、前出書・参照）は銘記されるべきであろう。この点で教育行政理論の「学説史検討の作業」を掲げたその論考（「アンチ教育行政学の神話と教育行政理論の課題」『教育学研究』第六三巻第三号、一九九六年九月）において、黒崎勲氏が持田公教育論への言及と評価を回避するか無視しているのは、その「作業」の恣意性および学的誠実性を疑わしめるものであり残念というしかない。教育行政を公教育における「公の支配」の問題としてとらえるという認識の欠如は、たとえば教育現実に対する「文部行政の必死の挑戦」とか「文部行政を担う側にリアルな感覚がある」とす

る氏の「文部行政」なるものへの評価と無縁ではないだろう。本稿の主題は教育行政理論の吟味ではないので、黒崎論文への言及は別の機会をまちたい。

# 一九八一年の教育基本法論

## 一　変革対象としての教育基本法体制

教育基本法は、戦後、教育をめぐる論争的主題の対象のひとつとして論じられてきた。いうまでもなく、そのことは、教育基本法認識そのものが教育政策や教育運動のそれぞれの側にあって、そのまま、教育現実に対する立場と結びついてきたからである。このような情況にあって、持田栄一氏ほどこの主題に自覚的かつ戦略的にかかわろうとしてきたものはいなかったといわなければならない。というのも、教育をめぐる「政策」と「運動」の対抗関係を総体として対象化しうるような立場に自らをおき、その結果、教育基本法認識を「政策」や「運動」の現実的利害、効用から解放し、社会科学の学問的探究の対象にすえようと試みたからである。

ここから「近代公教育としての教育基本法体制」という基本認識が提示されることになったのである。近代公教育の矛盾と限界についての論理的歴史的分析、そして教育基本法体制を近代公教育が具備している特質とその現実形態において対象化する作業、およびこのような理論的検討をとおして、教育基本法は「基本」的には止揚と超克の対象であり、したがって教育変革の運動にとって、なによりも教育基本法体制を変革していくところに課題があると提起したのである。

一九八〇年代の今日、こうした持田氏の課題意識、問題提起をうけとめて、それを継承、発展させていく意義はいささかも失なわれていない。この小論では、持田氏の教育基本法認識を前提として、むしろ到達していたその認識の地平を確めて、それとの関係でわたしなりの問題意識を批判的に論ずることを中心としたい。

## 二 近代公教育法としての教育基本法

教育基本法は近代公教育法であるとする認識には、教育体制に対する歴史的理解が示されている。それは、人間の教育のあり方を歴史を超えた普遍性によって把握しようとする試みへの批判をふくんでいる。社会科学において当然のこうした理解が提示されざるを得なかったのも、つぎのような言説を示せば了解もできる。たとえば一九七〇年代初めに、堀尾輝久氏は、歴史的な視点からの把握によれば「それが憲法・教基法の絶対視・神聖不可侵視とは無縁なものだということがまず了解されていなければならない」(堀尾輝久「教育原理からみた憲法・教育基本法」『法律時報』一九七二年六月号、一二五頁)とのべた。また、牧柾名氏は「憲法・教育基本法制を所与の動かしがたい不磨の大典として物神化することではない」との認識を示した（牧柾名『教育権』新日本新書、一九七一年、一七一頁（傍点筆者））。これらはいずれも、憲法・教育基本法を非歴史的に理解する考え方が、あえてこうした指摘をせざるを得ないほどに存在していたことをはからずも表明するものであった。しかし、両氏を含めたいわゆる民主・国民教育論者たちこそ、憲法・教育基本法をその教育理念と法の精神（人権思想など）において普遍化してきたということは周知のことであった。加えて、それ以降も教育基本法を近代ブルジョア公教育法として対象化し、その歴史的矛盾を社会的に分析するような理論的検討も不在のままである。このような事情は、前記両氏の言説を疑わせるに十分である。むしろ、それは一九六〇年代以降、精力的に教育基本法をとらえかえし、普遍的理念においてではなくそれを近代公教育体制の矛盾と限界において対象化し、歴史的に分析する必要を説きつづけた持田氏の批判的理論活動に対応する表面的言辞にすぎなかったといえるかもしれない。

　氏はつぎのようにのべている。「かつてわたしは一九六〇年代の初頭教育基本法を『まもる』とともに『こえる』こと、『擁護』するとともに『創造的に発展』させることに現代日本における教育変革運動の課題がもとめられるべきことを問題として提起した」。そしてこの「問題提起は、当時においても正当であったし、今日においても正しいと自負している」と『遺稿』でものべている（『持田栄一著作集6』「教育行政学序説—近代公教育批判（遺稿）」明治図書、三六〇頁）。批判されるべき教育基本法認識は、第一に現実の公教育体制こそ教育基本法体制とする体制側の近代主義の立場、第二に教育運動の側におけるその教育理念、法的精神を普遍的価値化し、教育基本法を肯定し擁護する立場、他方、階級教育論的な「教育法制解釈論を過小に評価する」政治主義的、教条主義的な理解であった。ここから教育運動内部における二つの教育基本法認識を統一し、教育変革においてそれをまもる一定の意味を指摘し、「教育基本法体制が近代公教育としての特質を具備するものであり、それ自体矛盾体である」と認識されることになったのである。持田氏の近代公教育の論理的分析、教育基本法体制の歴史的対象化が自覚的かつ戦略的な批判活動として展開されざるを得なかったのもこの意味で当然であった。

ところで、持田氏は「近代公教育とは、まさに『私事』としての教育秩序を国家が保障する体制である」（前掲書、四三頁）という基本認識から、近代公教育としての戦後日本の公教育、教育基本法体制を「特殊日本的な特質」において対象化しようとした。ここでその点を詳述する余裕はないが、欧米の福祉国家的公教育に比較し、たとえば、日本における自由主義的教育伝統の不在が、教育に対する権力主義的国家支配、伝統的な教育管理様式を再生産しており、そのことが教育における差別、不平等をつくり出す「教育改革」という名の「教育支配」を実態化させてきたと指摘している（『持田栄一著作集5』「教育変革の理論」三四七—九頁）。こうして、持田氏における教育基本法認識への構えは、つぎのような地平に到達することによって、わたしたちにいま、共有しなければならない本質的な反省をせまっている。

「教育基本法（体制）の現存を問い、その限界を明らかにし、それをこえそれを変革していくことを展望していくためには、教育基本法体制の現実において、きり捨てられ、疎外され、くやしい思いをしながら生きつづけている子どもや親の立場に立って再度教育基本法体制の諸側面をみていくことが必要だということである。それは、巷間いわれているように『おちこぼれをなくする』教育を追求することではなく、おちこぼれた者の側に立って教育を問いかえしていくことである」(『持田栄一著作集6』三六六頁)。このような「おちこぼされた」ものの側から「近代公教育としての教育基本法体制を告発していくことが課題とされなければならない」(同上、三六七頁)と説いている。

このようなわけで、持田氏にとってはなによりも、差別と支配、不平等の日本公教育の現実こそ、教育基本法体制のもとでつくり出された教育現実ととらえられたのである。この意味で教育基本法体制が変革の対象とされ、また、他方では、それは「まもる」対象とされた。すなわち、「教育基本法体制を変革し超克するために、そのための実践を保障する場として、教育基本法体制を擁護しなければならない」(同上、一四八頁)という意味においてであった。そこに持田氏の変革と擁護の論理がみられる。しかしそれは、教育実践と教育変革運動を教育基本法体制のもとでの合法性の追求、つまり教育条理による国民的な教育法制解釈にもとめるあり方と結びついた擁護の論理とは自ずと異なるものであった。以上の点でも、氏の教育基本法認識は、憲法・教育基本法体制に「本来的な含意のゆたかさ」(堀尾輝久・兼子仁『教育と人権』岩波書店、一九七七年、二一〇頁)をもとめるような歴史的認識を欠いた観念的普遍主義と本質的に無縁であるばかりでなく、それこそ根本的な批判の対象であったのは当然である。

## 三　教育基本法認識の現代的展開

一九七九年の養護学校教育の義務制度化は教育認識にきわめて根源的な問いを提起した。この点につき、それは「近代公教育体制と戦後日本の公教育体制――教育基本法体制をどのようにとらえ、発達と教育の本質、そして学校体制をどのように考えるかという、すぐれて原理的な問題とかかわっている」（『持田栄一著作集5』一九六―七頁）とした持田氏の認識は、事態の本質をとらえていた。事実、この主題に教育本質論、教育権利論、教育制度論の視点から原理的検討が試みられている。そこにおいて、第一に人間の教育における関係性と共同性の視座から、近代公教育における障害児への分離教育が批判検討され、その差別と選別を生む教育現実が指摘されている。第二に近代公教育体制のもとでの障害児の「教育を受ける権利」をとらえかえすこと、第三に障害児への教育保障を地域における教育の共同化として追求するために、制度上の権利義務関係において共同化を疎外している子ども・親・教師の関係の変革の必要を主張した。それらは持田公教育論を前提とし、その公教育認識を批判深化させる方向を十分に内包するものだった。にもかかわらず、この問題への基本的立場が「養護学校の存立と義務制化そのものを否定するものではない」という認識にとどまり、近代公教育体制への本質的批判の展開に今一歩いたりえなかったことを指摘せざるをえない。それでは、そのような認識の限界と問題性をどこにもとめるべきであろうか。端的にいえば、それは、近代における〈人権〉の認識の問題にかかわっていたといえる。

養護学校教育の義務制度化に対する批判は、それが障害児から社会的共同性、共同的関係性という人間の生存における基本要件を収奪するものであり、普通児からの分離を前提とした教育(権利)保障は、本質的に不平等であり、差別なのではないかということを問い質してきた。いいかえれば、それは近代における〈人権〉とは何か、人間における〈平等〉とは何かという問いにほかならなかったのである(日本臨床心理学会編『戦後特殊教育・その構造と論理の批判』社会評論社、一九八〇年、第I部3章(拙論)参照)。

近代公教育体制、あるいは教育基本法体制における特殊教育は、障害の種別や程度に対応する教育体系の形成として展開され、そこでは、普通児と分離した障害児教育は教育の論理(教育的配慮)に基づく自明の前提とされ、分離すること自体が差別、不平等だとする認識はむしろ不問にされてきたのである。したがって、近代の特殊教育体制が差別と不平等だとする批判に教育的拒絶と抵抗があったのも当然であった。しかしながら、一九五〇年代以降、アメリカにおける人種差別撤廃運動が象徴的に示したように、分離・隔離は人間にとって本質的に不平等だとする認識と社会現実の展開は、伝統的な障害者隔離政策からさらには分離された障害児教育への批判にひろげられてきた。一九七〇年代における日本の養護学校教育の義務制度化への根源的批判が、そのような動向とも結びつくものであったことはいうまでもない。そうであればあるほど、近代人権とそこでの〈平等〉保障の本質と歴史的限界が根本において問われざるをえなくなったのである。いいかえるならば、近代公教育体制は「分離教育」を克服し、教育における平等を実現しうるような内在的論理を本来的に備えているのであろうかという問題なのであった。

ところで、近代人権における平等が「法の前における平等」であって、現実の人間そのものにおける平等ではないこと、またそれを前提とする教育における平等も、市民社会の現実を支配する階級的不平等に規制された能力形成の不平等のもとにあり、教育権の制度的保障ということもその点で本質的限界をもっている。これはいうまでもないことである。このような人権と教育権への認識は、「分離教育」への批判を媒介にして、近代の平等権といわれるものにおいて、〈共生〉という概念が不在であるという自覚へと発展せしめられることになったのである。この場合、共生というのは、社会生活において人間が相互に共同的関係と社会的共同性をとり結び、そのような状態を共有して生存していくあり方を示している。人間が社会的諸関係の総体でありうるそれは前提である。ところが、近代人権論、あるいは教育権論において、権利保障上、共生ということは問題にされてきたわけではない。むしろ、障害者への地域社会からの排除、教育保障における共生を収奪したうえでの教育（権）保障を近代公教育体制として確立してきたのである。この意味で、「分離」された特殊教育は近代公教育体制に本来的であり、それと不可分なのである。以上のすべては、近代の人権主体が抽象的人間とされ、他方ではブルジョア的に認知される労働能力としての主体を排他的基準としてきた点にもとめることができる。

ここから、近代公教育体制が〈共生〉を排除した教育システムの構造、つまり別学体制としてとらえかえされ、そのような体制のもとでの教育上の差別、支配、不平等の構造を対象化しうることになったのである。そして、この別学教育体制をとおしての教育支配の視座は、普通教育と特殊教育という問題から、公私立別学体制の差別的構造の探究をあらためて意義づけうる可能性を与えた。

近代公教育としての教育基本法体制は、このような権利保障のとらえかえしにより、別学体制として再把握されるべきであろう。それは、別学体制としての教育基本法体制の変革を〈共生〉の実現という課題として提起しているのである。養護学校教育の義務制度化という問題は、以上のような意味で、近代公教育体制、戦後日本の教育基本法体制の認識を批判的に深化させるべきものとしてある。

この点で、持田氏の教育基本法認識を発展させていく必要がある。それは別学体制の論理的歴史的分析として試みられるべきである。たとえばそれは、「校区」による教育支配を教育における〈空間支配〉の問題として展開しうるような可能性と課題に示されている（拙論「『校区』の論理と人権論への問題提起」『教育学研究』第四六巻第四号、一九七九年、参照）。もとより、このような作業において、わたしたちは、持田氏が説いた差別されたものの側からの視座をなによりも忘れてはならないであろう。

（一九八一年）

# 「戦後教育学」とは何か

## 教育における〈近代〉批判をめぐって

### 一　「戦後教育学再考」について

大内裕和氏の論考「戦後教育学再考――戦時／戦後の区分を超えて」は、教育学研究をめぐる今日の理論的かつ思想的状況と切り結ぼうとする明確な問題意識に基づいて、いくつもの課題提起を行っている。氏の意図に沿いながら、あえてまずその主張の骨子を取り出しておきたい。

①現在の教育学および教育研究は教育状況の現実に対して有益なアプローチをなし得ていない。その理由のひとつとしてあげられるのは戦後教育学の枠組みの存在である。

②この枠組みを特徴づけているものは戦時期教育の否定・批判とそれと対称的な戦後における〈近代〉教育への高い評価である。ここには戦後を戦前・戦時期と断絶したものとして捉える見方が根ざしており、それが〈断絶史観〉を支えてきた。戦前・戦時期／戦後という対比に

前近代／近代という対比が重ねあわされ、それが現状況を〈近代〉教育の自己展開の帰結であるという認識を困難にさせてきた。

③こうした〈断絶論〉に依拠した教育学における戦時期研究は戦後教育学の「神聖化」を生みだし、結果的にその問題化を妨げてきた。

④昨今の戦時期研究の動向の中で戦時期と戦後の連続性に着目する研究が行われてきた。たとえば〈戦時動員体制〉論は〈断絶論〉を批判し、戦時動員体制における合理化・近代化という側面から、非合理的・前近代的なものとして戦時期を捉えてきた歴史研究を問い直し、そうした見方を相対化しようとするものである。それは戦後教育学の枠組みそのものを転換させる可能性をはらんでいる。

⑤戦後における国民に開かれた教育制度と福祉国家は戦時期の総力戦体制の刻印を強く受けており、国家による教育計画などに見られるように、そこに連続性を見出すことが出来る。こうした「社会システムの巨大な転換期」ともいうべき戦時動員体制は敗戦を挟み一九七〇年代前半まで継続したと見られ、戦後教育と戦時期教育の連続性という観点から戦後教育史の再審を求めるものとなるであろう。

⑥こうした見方からすれば、戦後教育学における国民vs国家という二項対立の枠組みが、経済成長の中での高学歴化による戦後社会の変容という事態を的確に捉えることが出来なかったのも当然である。というのは、この枠組みで展開された国民教育運動は国民主義の枠内を超え

出るものではなく、そうした教育における国民主義は国家の成長政策に対立するというよりは、社会の近代化と経済ナショナリズムを支えるイデオロギーとして機能していくことになったからである。

⑦敗戦後から現在に至る教育をめぐる矛盾の噴出、教育病理の登場は、こうした戦時動員体制において制度化されてきた〈近代〉教育の戦後における自己展開自身に深く関わっている。この点で戦後教育学は近代教育を相対化することが出来なかった。

⑧一九七〇年代後半以降の構造転換は、戦時動員体制とは方向を異にしており、そこに戦後における〈断絶〉を見る必要がある。それはグローバリゼーションに伴う福祉国家の解体と市場主義的リベラリズムの進展に示されている。しかし、この構造転換、断絶およびグローバリゼーションはいずれも戦時動員体制を歴史的前提にしており、そこに貫かれているのは「近代教育のロジック」である。こうした状況において高次化する近代教育に対し批判的に対峙するために、戦後教育学の問い直しが急務の課題なのである。

以上に見られるように、大内論文の主題は戦後教育学の問い直しにある。そこで主たる課題とされているのは近代教育の論理と思想に対する批判の徹底である。そのことが教育の現実と状況への有益なアプローチと批判を可能にする。そうした問題意識に立って論じられているといってよいだろう。「本稿はこうした戦後教育学の枠組みが戦時期教育の認識のあり方に規定されていること、そしてそのことがいかなる問題性をもっているかを明らかにし、今後の教育研究の方向性を模索すること」にあるとする指摘もそうした観点からなされている。このような問題認識とここで提起されている課題、認識枠組みについて、評者としては基本的に異論はないし、違和感もない。というのは、ここで「通説」ないし「戦後教育学」とされている枠組み・構図の認識方法、またそれらへの批判として展開されている見方は、基本的部分において、すでに一九六〇年代後半から繰り返し試みられてきた国民教育論批判のモチーフと課題意識に提示されてきたといってよいからである。評者自身もまた、そうした国民教育論批判、ないしは国民教育の現実を批判する立場に身を置き、教育における〈近代〉の批判を自らの課題としてきた一人だからである。教育学研究は教育における理論と実践、思想と現実との間における葛藤を引き受ける主体の在り方を問うものである。そのような作業を引き受けることによってこそ、理論・思想に対する批判的営為は成り立つといえるであろう。それゆえに今日、氏のような気鋭の研究者によるこうした試みに出会って感慨深いものがある。それだけに、本論文における「戦後教育学」の枠組みへの批判作業の真価が試されざるを得ないだろう。それとともに、提起されている新たな論点と課題、たとえば、戦時期における教育科学に対する批判的論究および「戦時動員体制論」に基づく連続性論による戦後教育の捉え直しなど、その問題提起の位置づけと評価が検証に付されるものとなろう。

以上のことを前提にしたうえで、以下にいくつかの私見を記し、また敷衍してみたい若干の問題点について論じてみたいと思う。

## 二 「戦後教育学」批判の系

大内論文は、半世紀以上にわたる戦後日本における教育研究を「戦後教育学」として枠づけしている。しかし、戦後の教育研究はそうした「戦後教育学」に限定されない拡がりと多様な側面を含んで今日に至っているというのも一方の事実である。もちろん、大内氏はそうしたことを十分承知した上で、あえて鋭角的に問題の所在を提示するために、「戦後教育学」という枠組みから戦後教育研究に含まれてきた問題性を摘出しようとしているのだと思う。しかし、そうした認識枠組みを批判し、それとは異なる教育研究の理論・思想を探究、構想しようとしてきたもう一方の試みに触れないということは、戦後の教育学研究を批判的に検証し、正当な評価をしていくうえで適切な方法であるとは思えない。

戦後教育学の再考を主題とする本論文において、「戦後教育学」とは何であるか、こと改めて定義されているわけではない。「日本において教育学という学問分野は、戦時期における教育の根底的な否定と転換を唱える戦後民主主義のなかで制度化」されたということであれば、戦後教育学は「戦後民主主義のなかで制度化された教育学」であるとしてよいであろうか。それは戦後における「教育研究を強固に規定している枠組み」であるとされ、一章でこの枠組みの理論構成とその成立の経緯が説明されている。すなわち、そのような枠組みの成立はまず戦後教育史の研究方法において論証され、次いで国民教育論の成立および国民教育運動の展開、さらにそこにおける「国民」主義の成立として指摘される。そして『現代教育の思想と構造』(堀尾輝久)が「戦後教育学」の理念的枠組みの設定を行った研究であるとされ、それらが「その戦時/戦後認識においても〈近代〉認識においても、現在問い直されなければならない」とされている。

しかしここで素描されている戦後教育(史)をめぐる捉え方あるいは見方は、ほぼこれまでに論じられてきたものといってよいだろうし、その枠組みに対する批判と問い直しが続けられてきたことも周知の事実に属する。それはたとえば、戦後教育学の枠組みが戦後民主主義の中で制度化されたものである以上、戦後民主主義への根底的批判に伴い批判の対象にされていったのも当然なのであった。実際、一九六〇年代初頭における戦後民主主義批判は戦後民主教育への根本的批判、国民教育論批判を呼び起こすものであった。こうした批判的探究は、教育運動の実践と運動の中から提起され、批判の論理と思想が形成されていくことになった。それらは一九六〇年代後半以降、たとえば村田栄一らによる一連の国民教育論批判、あるいは持田栄一を中心とする『講座 マルクス主義6 教育』(一九六九年)、『教育変革への視座――「国民教育論」批判』(一九七三年)などにおいて、自覚的に追求されていった。こうした作業は、森田尚人による「教育理論における主観主義―堀尾輝久『現代教育の思想と構造』によせて」(一九七二年)などにおいても試みられている。戦後における教育学研究は、こうした批判を含む総体において捉えられる必要がある。一九六〇年代末から一九七〇年代にかけて、そのような「戦後教育学」に対して提示された批判的観点はおおよそ次のような問題認識に基づいていたといえる。

第一に、近代日本における戦前・戦時／戦後における教育体制は、基本的には社会体制としての資本制社会を前提とした近代公教育体制という点で通底しているとする認識に立脚している。

第二に、戦前・戦時期における教育管理法制は前近代的性格を有する側面をもっていたとしても、教育体制としての基本的性格においては近代公教育体制と捉えられる。

第三に、戦後改革により成立した憲法・教育基本法体制は、近代公教育の諸原則に基づき、それをより安定した形態で具体化しようとしたものであった。

第四に、戦後の一九五〇年代の「逆コース」化は戦前への復古・回帰ではなく、戦後教育体制を前提とした「総資本」の要求に対応する近代公教育の合理化・再編政策と理解されるべきである。

第五に、問題は教育基本法体制に具体化されている近代公教育の再編と変革として提起されており、そこでの基本的課題は教育における〈近代〉批判にほかならない。

このような認識の構図は、たとえば六〇年代における近代公教育についての次のような捉え方を前提とするものであった。

「近代公教育は……、市民社会内部において総資本が主導する教育の社会化と計画化を国家を媒介として強制的に保障したもので、そこにおいて国家は従来私的なものとして営まれてきた教育事業の主体として登場し、国家の階級性は抑圧の体系というよりは市民社会を国家に統合し体制化するための同意と協調のためのヘゲモニー装置として機能する。(1)」

日本近代の教育史は近代公教育体制の成立と展開、その現代における再編成という観点で捉えられており、その限りで〈断絶史観〉というよりは連続性論に立つものであったといってよいであろう。こうした近代公教育認識を基盤にして国民教育論批判が展開されていくことになったのである。

このような意味からすれば、言われるところの「戦後教育学」は〈「戦後教育学」批判〉を帯同していたのであり、戦後における教育研究の対象化はこの双方の系を含む全体においてなされるのでなければ、偏重した像として描かれることになろう。この点で、大内論文における「戦後教育学」論は〈「戦後教育学」批判〉を組み込んだものとして展開されているわけではない。

## 三　教育における〈近代〉批判について

第二章において、「戦後教育学」の枠組みを規定した〈戦時期〉認識をめぐる問題点とともに、〈断絶論〉に帰結する戦時期教育の研究に関わる限界が指摘されている。そこから「戦後教育学において戦後〈近代〉に対する内在批判が十分に行われていない」とする指摘がなされており、この〈近代〉批判の不徹底と不在に対する問題意識が本論文の基調となっている。しかし戦後の教育における〈近代〉批判は、たとえば国民教育論批判を通しても自覚的に試みられ、〈断絶〉という観点からではなく、戦前・戦時期から継続する連続性において追求されてきたということを指摘しておきたい。

この場合、戦後改革における連続性は、近代的性格としての連続面のみでなく、近代日本の特殊歴史性という側面においても問題にされてきた。この意味で、その両面を踏まえた上で、憲法・教育基本法制の成立をもって断絶を強調する見方が問題にされ、批判されてきた。こうした観点で、近代公教育としての教育基本法認識が提起されてきた。いうまでもなく近代公教育は教育を受ける権利を国民に保障する面とともに、権利保障を通して教育における支配を実現していく側面をあわせもつものである。憲法・教育基本法を近代的価値の実現として高く評価して捉える認識が問題とされたのは、それを「権利保障の系」としては捉えても、「支配の系」として捉えようとしなかった点においてである。評者は、この点を天皇制の戦後における象徴天皇制としての存続において捉え、「支配の系」という視点から「象徴天皇制と教育基本法」の関係が特殊歴史性にかかわる点として問題にされてよいだろうと指摘してきた。すなわち「戦後教育改革における戦前・戦時期からの『断絶』と『連続』という周知の論議に据えれば、今日、近代的諸原理による改革の『断絶』面とは別に、象徴天皇規定による天皇制および文部省の存続、強制的な義務教育制度などに起因する『連続』面にかかわる問題性が指摘されなければならない(2)」というのがそれである。

他方、近代的性格の連続面について言えば、たとえば一九七〇年代から一九八〇年代にかけて展開された養護学校義務制度化を批判し、反対する運動の中で近代教育において自明視されてきた発達思想に対してなされた根底的な批判をあげることができる。普通児と「障害児」を分離して教育する別学体制は、戦前・戦時期を貫通する就学猶予・免除規定を前提とした就学義務（強制）制度をそのまま戦後にも存続させ、いっそう強化させるものとして捉えられた。養護学校義務制度化はこうした別学体制を完成させるものであり、国民教育論の枠組みで説かれた発達保障論は分離・別学を支える近代の論理として捉えられ批判の対象とされたのである。発達保障論が障害の種別と程度に応じた専門性原理に依拠して唱えられたという点は、より広くは近代社会における専門家支配、科学・技術、学問・教育研究における専門性原理への不信と疑念の深まりを背景として、批判されていくことになった。一九六〇年代末において日本、欧米などで展開された大学闘争もまた、近代の学問知、専門知に対する告発と批判を思想的課題として提起するものであった。

教育における〈近代〉批判は、一九七〇年代以降、近代学校システムの理念と現実、国民教育の現実における統合と排除をめぐっても探究されてきたというのが、評者の実感である。それらが不徹底であり、十分でなかったということであればそうもいえるであろう。大内論文が提起しているように、今日「高次化する近代教育」に批判的に対峙していくことが重要であるということであれば、戦後に探究されてきた諸々の〈近代〉批判の内実を子細に検証し、その評価の上に立ってそれを継承し深化させていくことが求められているのではないかと思う。もちろん、大内論文の主題は、「戦時動員体制」論を媒介に「戦時／戦後」区分を超えた教育史像の転換、教育学批判を意図するところにあり、上記のような政治的法制的な「断絶・連続」論にあるのではないということかもしれない。それを前提にした上であえて指摘しておきたい。

## 四 〈戦時動員体制〉論による問題提起について

戦時期と戦後の教育の関係について、〈戦時動員体制〉という視点から三つの論点が挙げられている。第一に戦時期は「教育システムを含めた社会システムの巨大な転換期」、「市場から国家へ」の転換、国家による計画が重要な課題となった時期と捉えられる。第二に、計画化は、教育における〈近代〉の否定ではなく、その制度化であった。教育科学者たちにより唱えられた教育学の近代化は、戦時体制の一層の合理化を目指したものであって、総力戦そのものへの抵抗という性格を有するものではなかった。第三に、総力戦体制は階級間格差の是正を進行させ、それは戦後福祉国家体制を準備し、その基盤を整備するものであった。そこにおける私的領域と公的領域の相互浸透という事態の進展は、前者への公的介入を、他方では私生活の公共化・国家化という状況を生来させたとする。

以上のような観点からすれば、戦時期を非合理的・前近代的なものと捉えてきた従来の歴史研究は「重大な死角」を抱え込んでいたことになる。また、非合理の象徴とみなされてきた天皇制イデオロギーは総力戦へ向けての機能主義的統合を脅かす異質な存在を同質化し、組み込んでいく役割において、戦時体制の合理化・近代化と矛盾するどころか、強固に結びついていたとする。今日の時代状況に重ねて捉えられるべき見方であろう。

〈総力戦〉〈戦時動員体制〉研究が以上のような問題意識を投げかけるものであるとすれば、現代史像の再構築という課題に教育学研究はどのようにこたえるべきであろうか。

この問いに対峙しようとするところに大内論文の核心があると言ってもよいであろう。

それは、戦時期から戦後の一九七〇年代までを戦時動員体制期と一括して捉えようとする試みに焦点化されている。これは二〇世紀という時代を「市場から国家へ」さらに「国家から市場へ」と転換していく歴史的文脈に据えて把握しようとするものである。こうした認識の基本枠の中で、戦後教育と戦時期教育の連続性の論証が行われ、それは「戦後の能力主義政策と戦時期の人的資源政策の連続性」において取り上げられている。そうであれば一層、戦時期の教育の国家計画化の問題が一九六〇年代の教育計画との異同において論じられてよいと思われる。すでにこうした問題視角は六〇年代において感知されていたものだ。たとえば清水幾太郎は『現代思想』(一九六六年)において、一九三〇年代論および一九六〇年代論を展開し、二つの時代を〈計画の思想〉において捉えようとしていた。大恐慌後のアメリカが直面していたのは、一九二九年に開始されたソヴィエト・ロシアの五カ年計画に対抗し、「計画の観念」を利用することであり、それは「インダストリアリズムへの適応か滅亡か」の選択を強いられたソヴィエト・ロシアが共有した同質のアポリアであった。清水は「ソウルは、計画は社会主義であると説くアメリカの反動派と、プロレタリア独裁のない計画はファッシズムであると主張するアメリカ共産党とに批判を加えながら、インダストリアリズムと計画とを、一切の社会発展を可能にする二つの普遍性として考える」[3]と記す。ジョージ・ソウルを語ることを通して清水は「計画とは、神のいない世界に投げ込まれた人間が神になること」であるとして、計画の精神の担い手としての国家の新たな登場を呼び込もうとしたのではなかったか。計画主体としての国家は六〇年代以降の国家構想の基軸になろうとしていたからである。これは時代状況を思想史的視点から意味づけようとするものであったといってよい。

しかし、一九六〇年代後半から七〇年代にかけての危機とそれへの対応が一九三〇年代のそれらと異ならざるを得なかったのも一方の事実である。分配―再分配型システムというケインズ主義的福祉国家が直面した危機は、産業社会システムと国家構造の転換を基盤にしているものであったし、六〇年代の教育改革をめぐる問題状況もそのような文脈において展開したのである。[4]大内論文において、戦後の「断絶」が指摘されているが、それもここに関係しているのは明かである。

以上のような問題認識は評者にとってのそれでもあった。本年（二〇〇一年）度の大学院の講義テーマを「公教育と計画化」に設定し、六〇年代から七〇年代にかけての教育計画論を検討してきたのもその趣旨から出ている。六〇年代において教育計画は公教育論として論じられるべき課題としてあった。教育爆発の時代と呼ばれ、教育の量的拡大がなされたこの時代は、後期中等教育から、さらに高等教育への進学率の上昇によって特徴づけられ、国際的に提唱された生涯教育論と教育計画論はともにこの時代状況を反映する教育論として流布された。一九七一年中央教育審議会のいわゆる「四六答申」は、周知のようにこの双方をいち早く取り入れて国家主導の福祉国家の教育像を構想しようとするものであった。しかし国家による長期教育計画の策定は行われることのないまま、福祉国家的教育政策はオイル・ショックを経て転換され後退していくことになった。生涯教育、教育計画、福祉国家を三位一体とする教育政策構想は、この時をもって最初で最後のものとなった。この構想の枠組みは八〇年代において生涯学習、教育の自由化、行革国家のそれに取って替えられた。「生涯学習体系への移行」を標語とする、この転換は近代公教育の根本的な再編という文脈において捉えられるべきものとしてあったのである。この〈再編〉の意味を問う作業は、戦後の教育学研究における〈近代〉批判の流れに位置づくものであったし、近代公教育批判という明確な課題意識から主題化されてきたといってよい。しかし大内論文においては、こうした理論的な探究とその背後に控えていた、国民教育の現実に対抗してきた実践・運動およびそこでの思想的理論的論争について然るべき位置づけが見られない。

たとえばそれは、国民教育運動が冷戦下における「国民国家『日本』の枠内で展開された運動であったことは、これまで適切に主題化されてきたとはいいがたい。」という点についても言える。「国民主義に基づく戦後教育学」がそのことを視野の外に排除し続けてきたというのはその通りであろう。けれども、八〇年代以降の在日朝鮮人の民族教育をめぐる教育研究運動は、そうした国民主義を批判する思想性を模索するものであったし、八〇年代に繰り返された検定による歴史記述の修正をめぐる教科書問題は、国民国家内を超えて国民国家間における国民教育批判の課題を自覚させ、そのような立場からの国民主義批判を目指す試みでもあった。それは「戦後教育学（国民教育論）」批判の周知の課題であったばかりでなく、もうひとつ先の国民教育論批判そのものへの〈批判〉としても提起されてきた。「〈国家内〉国民教育論批判から〈国家間〉国民教育論批判へという思想的ベクトルは、相互転移して繰り返し試みられなければなるまい。」(5)という指摘もそうした内のひとつである。いずれにせよ、こうした問題の主題化は周知のことに属する。さらに八〇年代から九〇年代における戦争責任、植民地支配責任、さらには戦後責任をめぐって問われた日本人の加害者性は、教育学における戦後責任を問う上で、戦後〈近代〉から戦時期を批判するという方法に回収されることのない新たな思想的課題を提起してきたのである。

## 五　公教育思想の歴史的射程について

一九七〇年代後半から九〇年代の現在に至る構造転換は世界資本主義の形成と展開という点で世界史的画期をなすものである。世界の市場化というグローバリゼーションの進展は、国民国家の枠組みの融解と国家連合を誘引しつつ、国家内における規制緩和、市場競争原理の徹底、福祉国家型から社会民主主義型の政治システム、新福祉国家型のそれへと再編成され変貌を遂げつつある。国民国家を基盤とした公教育体制もその渦中にある。公教育は公権力を学校設置主体とする教育組織システムを基軸として存立してきた。今日、行政的な公的セクターと民間の私的セクターに類別されない新たなセクターによる教育構想をめぐって公教育の再編が進められてきた。六〇年代以降に始まり今日のチャーター・スクールに至るアメリカでの学校選択の推移は、従来の公権力を組織主体とする公教育の存在自体に対する挑戦の軌跡であったといえる。それは競争的市場原理のもとに教育システムを編入しつつ、学歴、所得、資産などの社会的諸要因、あるいは人種、ジェンダー、障害などの諸要因など多様性に規定された個人選択原理の制度化を媒介に、分配型の平等主義から離脱して階層化のリスクを内包せざるをえない新たなシステムを模索する過程として進展してきた。公教育を相対化する動向は、こうした市場の論理による占有によって主導されてよいわけではなく、公教育に対する〈近代〉批判の論理による介入によって左右されてよいものであろう。市場的競争主義への批判から公立学校を擁護し公教育の再構築を説く論調は、市場原理に対抗して公共性を強調することで、公教育批判という〈近代〉批判の思想的実践的課題自体にネガティヴな態度をとるものとなっている。[6]大内論文は「社会システム（＝資本主義）にとって有用な主体を育成するという近代教育のロジック」を批判するという課題意識において、公教育批判を引き受けようとするものであろう。

公教育が将来においても絶対的存在でありえない以上、公教育を必要としない社会における教育のあり方が探究されてよい。公教育のあり方が根底から揺るがされている二〇世紀末の時代状況においてこそ、公教育思想の成立に遡及する思想史的考察が必要であろう。評者は、通説とは異なり、コンドルセの公教育思想の核心は、実は公教育を無用とする思想性にあると見なしてきた。公教育の創設は「人間精神の進歩」を促すところにあり、それによって「知識が同一国家内のあらゆる地域に、同一社会のあらゆる階級に平等に普及される」ことを目指すものとされた。「そうした時代の到来はなお前途遼遠である。われわれの目的は、こうした時代を準備し、その時代の到来時期を速めることでなければならない。そこで、われわれは、これらの新しい制度を設けるように努めることによって、これらの制度が無用になるような幸福な時代が一日も早く到来するように、たえず配慮しなければならなかったのである。」[7]

公教育制度は公教育を無用とする目的のために樹立されるとした逆説の中に、公教育の本質と限界、公権力への不信を見据えていたコンドルセの炯眼とその思想の本領を見出さなければならない。その後の二世紀にわたる公教育の自由主義的構想と共和主義的構想の歴史現実における展開とその命脈は、グローバリゼーションに伴う世界資本主義の進展の中で試されてきた。こうした同時代においてこそ公教育無用の思想性は、公教育思想の歴史的射程と有効性を問う現実性を帯びて、公教育批判に向けて自由な想像力を解き放つようにわれわれを促しているのである。

以上、教育における〈近代〉批判という大内論文の課題を、評者の問題意識に据え直し、公教育批判の課題として提示させてもらった。

注

(1) 持田栄一編著『講座　マルクス主義6　教育』日本評論社、一九六九年、九九頁。
(2) 拙著、日本教育学会第五六大会「全体シンポジウム〈教育基本法の半世紀〉――戦後教育のもたらしたもの」報告(『教育学研究』第六五巻第一号)、「教育基本法と戦後責任の問題」『教育学研究』第六五巻第四号、一九九八年。
(3) 清水幾太郎『現代思想』下巻、岩波書店、一九六六年、二四一頁。
(4) 小玉重夫『教育改革と公共性』東京大学出版会、一九九九年、一〇七頁。
(5) 拙著『現代公教育論〔増補改訂版〕』社会評論社、一九八六年、三一三頁。
(6) たとえば、佐藤学『教育改革をデザインする』岩波書店、一九九九年。

（7）コンドルセ『公教育の原理』松島鈞訳、一九六二年、一七八―九頁。

# 第Ⅲ部　公教育を問いつづける

# はじめに

## 公教育・制度的実践・自由――主体であること

わたしたちが日常の生活のなかで感じたり、こうしてみたいという意志を実際の行為として表したいと思うとき、それが身の回りの社会現象としての広い意味での教育にかかわっている場合、どのような立場から自らの考えを表現しようとするだろうか。親であれば子ども／子どもたちが望む生き方をささえようとしたり、あるいは親のこうなってほしいという生き方を求めたりするだろう。しかし、それらの場合をふくめて、親も子も、さまざま社会的制度、法的規定、法的な規範にとり巻かれていて、自らが自由であることが他者に不自由を強いる場合もあると気がつくのだ、そうしたことをひとはくり返して、それ以上は先に進ませないさまざまな「壁」に出会う。それが行為の準則としての社会的規範、逸脱した場合に制裁をともなう法的規範であると体験的に習得する。そうした教育行為の諸規範のひとつの体系が教育法である。

教育法は教育行為に関する規範であり、規範に応じた行為の実践を求める意志の対象化（表示）されたものである。ひとは一方的に法の意志を実践するだけの主体ではない。日常の暮らしや労働、しごとの必要から、ある場合は「壁」を踏み越えていくような行為の選択を決断する存在でもある。法の実践を要求する規範のひとつの在り方が制度であり、それが制度的実践を導く。しかし、制度的実践は自らに逆らう実践をも生みだし続けざるをえないものであり、規範の再実践は、制度や法の根拠をゆるがす。教育現象の分野で、とりあえず制度の持続と動揺を意識的に、継続的かつ首尾一貫性をもって試みようとして行われる人びと、社会集団、政治団体、権力機関などの諸行為の類型を「教育改革」ということができるだろうか。

わたしたちは、日常的に自覚をすることもなく法的実践や制度的実践を行っているが、それらを少しは目的意識的、共同的に行うことで、わたしたちを取り巻いている規範の集合体に向けて、批判的、自律的に振る舞うことも、わたしたちの決意によって可能なのだと考えたい。

憲法・教育基本法制は、半世紀以上をかけて、ひとつの歴史的特殊性をそなえた、固有な構造をもつ公教育体制をつくりあげてきた。しかし、それは公教育の特殊な類型であるまえに、近代の国民国家のもとで制度化されてきた近代公教育に共通する一般性と構成諸原理・原則をもって成立した共通項もつ範型としての日本公教育そのものである。

わたしたちが現に経験的世界として、また、その世界内存在に占める位置からみれば、この公教育の現実は、国家、政治権力、公権力さらに多様なもろもろの社会権力の政治的実践の結果としてというよりは、教育され、管理され、選別され、抑圧され、差別され、服従を強要されたものたちに強いられ、もしくはある種の決断をかけてなされる批判的な制度的実践によってもたらされた所産であるとみることもできる。制度は強固な堡塁ではなく、意志的行為の共有によって変わりうるものだ。その場合、わたしたちはそれぞれの価値や世界観を形成し、固有な価値をになった主体の間で相互に認め合う、境界の不分明な共同社会のありようをあえて探究する主体の形成―それと交錯する地点に、公教育批判の場を求めたい。（二〇〇四年四月）

# 「君が代」訴訟のなかから考える

## 一審判決について

「君が代」訴訟判決と「日の丸」「君が代」処分について今日お話しさせていただく立場について最初にふれておきます。ひとつは、この六年間ほど京都「君が代」訴訟の原告のひとりとして裁判に参加してきたという当事者性から、もうひとつは、教育の現実について少しは専門的な観点で考えることをしてきたという立場から話してみたいと思います。

まずはじめに、「君が代」訴訟の問題についてお話しさせてもらいます。

ご存知のように、昨年（一九九二年）一一月四日に京都地方裁判所で、判決が出されました。それから三ヵ月近く経つわけですが、この判決をどう評価するかという問題があるわけです。判決の二週間後、大阪高等裁判所に控訴しまして、いま控訴審の準備をしております。そこで判決の中心は、なんといっても、一審判決の批判の問題です。まだ弁護団と原告団による判決総括ができていません。様々なひとたちが、それぞれの観点から判決への批判を行っており、控訴審では、一応判決批判をまとめめる、という作業を目ざしています。というわけで、今日の私の発言は、私個人の見方であるとしておきます。

『靖国・天皇制問題情報センター通信』に、毎月短い文章を書かせていただいておりますが、その中でも一度、判決に対するコメントをしました。たしかにどういう判決が出るかということは、当然、関心事でありました。「君が代」を正面から取り上げて裁判にしているという経験は、戦後なかったわけですから、京都における「君が代」訴訟の判決がどういう方向を打ち出すのかということは、現在の「日の丸・君が代」、あるいは天皇制をめぐる靖国・忠魂碑訴訟の問題とともに、全体状況に連動していくに相違ないと思ってきました。

この集まりの中にも、学校で校長との間におけるトラブルで戒告処分を出されるとか、訓告処分を出されるとかそういう方もおられると思いますが、そういう処分を契機にして、人事委員会審理や、裁判が行なわれる、というふうになっているわけですが、住民訴訟としての私たちの裁判は、そうした処分が契機ではなかったわけです。いわば住民として、教育委員会が行っていることを憲法違反であると、住民である納税者の立場から行政の不当、違法行為を問題にしていくという、そういう性格の裁判であります。

八五年の当時の高石邦男による文部省初中局長の通知を契機にして、沖縄とか、特に京都において、実施率が低いことに対して、文部省の強い指導が行なわれ、それまで実施されていなかった小・中校や高校において、教育委員会が強権的に、「君が代」の斉唱、ならびに「日の丸」の掲揚を始め出す。そういうことに対して、歯止めをかけていくことはできないかということであったわけです。

京都の場合ですが、八六年の卒業式を目前にして、京都市教育委員会は、それまでほとんど実施されていなかった「君が代」の斉唱を実施するために、それを録音したテープを教育委員会が作成して、全市の小中学校の校長に配布をし、実施できないような状況の場合には、そのテープを流して実施したという実績づくりをする、そして文部省にこれを報告する、こういう手段として、「君が代」テープを作成、配布して、卒業式等において実際に校長、管理職によってそれが流されるということになったわけです。私たちは、そういうことをする教育委員会を問題にしなければならないということで、最初に住民監査請求を行ったわけです。要点は、言うまでもなく、憲法違反にあたる「君が代」を、国歌として、学校で強制して実施したということは違憲にあたる。憲法違反にあたることを行った教育委員会は、これを行うために購入したテープ代金ですけれども、それを憲法違反に該当する違法な公金支出だとして、住民側がその返還を求めて訴えるということが、この裁判であったわけです。住民訴訟のその部分に関する限りでは、違法な目的のもとに行われた公金支出を、違法と断定すべきだと主張したわけです。もちろん「君が代」を国歌として、強引に定めていくということを含めた文部省をはじめとする、教育行政全体のあり方を問題にしていくということでしたから、この公金支出は単なる金銭の額の問題ではなくして、違法な目的のために、それが支出されたことを違法として認定させること、そこに中心の課題があったわけです。

ところで、一一月四日の判決がどういう判断をしたかと言いますと、我々の主張を全面的に退けて、教育委員会が行った、違法な目的のもとに購入したテープの公金支出上において「瑕疵」がないものと認定しています。その点では、京都市教育委員会が行った「君が代」強制を追認したというより認めたという判決であったわけです。

当初私たちは、一一月四日に判決を聞きました時に、その評価をめぐり〃揺れ〃がありました。と言いますのは、実は、戦後初めて、判決の中で、国歌ないし「君が代」について触れた部分があったからです。ですから、それがどう評価されたかということで、判決の評価が分かれたのです。

ところで、これは常識と言ってもいいと思いますが、違法な目的・用途のために公金を支払ったのであれば、その公金支出は、行政側が違法に住民に対して損害をかけたことになる。いわば、違法な目的のもとに支出された公金支出は違法である。この簡単明瞭なことにいろいろな理屈をつけて、奇弁と言ってもいいと思いますけれども、この公金支出に何ら行政上の瑕疵はなかった、間違いはなかった、結論として教育委員会がやったことに違法性はなかったと認めたわけです。明確で違法な目的があって、テープが購入された。そのために支払われた代金は、やはり違法なものになると私たちは思うわけです。「君が代」のテープ購入もそういう結論になると思っていました。ところが、今回の判決の論理では、実はこうなっているわけです。

例えば、テープは「君が代」を録音したということですが、それは使ったあとまた消音できるし、他に広く使うことができるから、これは再使用可能で、なんら損害をかけていない、というわけです。しかしこれは奇弁以外のものではないと、私たちは思います。それから行政当局がそのテープを購入するときに、業者との間で正当な契約を結んで支払ったものだから契約上においても問題がない。そういう事を理由にして、門前払いする。これを裁判所は、難しい言葉で言えば、行政上の、財務会計上の行為として違法があったかどうかを言っているだけです。これはやはり、私たちの主張を退けるために、そういうテープ購入に伴う行政上の要請が、何もなかったということを論証するためにそういうことを言ったということなので、これは、控訴審で明確に批判していかなければならないと考えています。

今回の住民訴訟で、私たちは違憲を問題にしました。憲法判断が要だと位置づけてきました。裁判所は憲法判断を回避するためには、そういう論法を使って私たちの主張を退けました。現在の日本において違憲訴訟は、憲法第八一条の違憲立法審査権は別として、司法当局は憲法判断を一貫して回避してきているわけです。そして行政や立法府の行為を認めていく。今回の「君が代」判決は、最初に憲法判断の回避があったわけです。

私たちは、学校において、「君が代」を国歌として斉唱を強制することは、信教の自由、思想、良心の自由、学問の自由、教育を受ける権利の保障、そういう憲法の各条項に照らしても、全く認め難いとして、憲法上の人権保障、特に精神的な諸自由の権利保障の観点から、「君が代」の強制がいかに不当であるかということを主張したわけです。こうしたことに一切触れずに、判決文は終わっています。特に文部省や、文部省の指導のもとに、こうした強制がなされていることに対して、全く目を閉じてしまっている。こういう点では、極めて不当な判決が出されたといわざるをえませんし、極めて残念なことです。

このような事情で、『『君が代』訴訟をすすめる会』としての判決批判はまとめていませんので、これは私見であります。

## 二　指導としての支配を問題にする

じつは私どもは、文部省がなぜこれほどまでに学校の中で「君が代」「日の丸」を強制するのか、強制する根拠は何もないということを批判して明らかにしなければならないと自覚していたわけです。「日の丸」や「君が代」の歴史的な経過や、あるいはそれが果たしてきている役割などに照らして、それらが精神的な諸自由を侵害している事実を指摘しました。それとは別に現実の教育行政、文部行政のもとで「強制」の実態を明らかにするということがあったわけです。文部省は一貫して、強制していないと言っているわけですが、私たちは強制と言っているわけです。これに関しては、最終準備書面で取りあげました。

文部省は、指導をしていると言っているわけです。このいわば文部省の指導、教育委員会の指導、それから、教育委員会の学校に対する指導、更に校長の教職員に対する指導、こういう戦後の教育行政における、指導という名のもとにおいて強制が行われているということの現実をどう問題にできるか、それが核心の一つではないだろうかと思ってまいりました。ご存知のように、教育委員会や文部省が、自分たちの行政上の政策を実施するときに、これは命令で指揮監督だということをほとんど言わないわけですね。通例使われているものは、指導という言葉が基本です。指導ということが、これがどういう意味に使われているのか、どのように機能しているのか、そこをどう考えるのかということです。

戦後日本の教育行政のあり方の基本は、例えば教育基本法の一〇条に規定されております。その規定の背景には、戦前の日本における文部行政が、極めて中央集権的な行政システムの中において、官僚による支配がなされていた、これを否定していくために、戦後は教育行政の行政上の機能の基本は、指導・助言とする、あるいは助成・振興とするということが基本となされてきたわけです。それは監督・命令されれば従わなければならないけれども、指導・助言は従わなくてもよいものだと、要するに、概念上の区別をした上において、戦後の行政当局は、指導・助言に徹するべきだと、監督・命令をしてはならないのだと、こういうことであったわけです。

一九四八年に制定された公選制の教育委員会が、一九五六年六月に警官を国会に導入して任命制の現在の教育委員会に変えられました。以前は、文部省と都道府県教育委員会と市町村教育委員会は、行政上においてはそれぞれ独立している、上下関係にはないのだと、こういうことだったわけです。これに対して、当時の政府・文部省にとって、この文部省と都道府県教委と市町村教育委員会とを縦に上下に貫くということが大きな目的であったわけです。もちろん戦後における教育行政が指導・助言を中心とするということを前提としながら、この五六年の任命制の教育委員会の時に、文部省や教育委員会の権限として、例えば文部省は都道府県教育委員会や市町村教育委員会に対して、措置命令権を持つことができると、いわば都道府県教育委員会や市町村教育委員会が、文部省から見て違法な教育行政運営をした場合に、それを修正ないしは変更するように命令することができると、こういう措置命令権というものを新たに導入したわけです。これが一点ですね。ですからそういうことから申しますと、五六年の改革というのは、任命制教育委員会に変えた、任命制になった、ということではなく、文部省から市町村教育委員会に対して上下の関係が作られたということですね。その時に、なおかつ指導・助言というものはなくなったわけではないのです。けれども新たにそうした、措置要求権を背景とした監督命令権を文部省や教育委員会が手に入れたということなのです。

そうしますと、五六年以前の文部省と都道府県教育委員会と市町村教育委員会は行政上は対等である、上下関係でないという時にあった指導・助言という機能と、五六年以降、今日までの段階の指導・助言は、そこで意味が変質してきたということが重要なことです。私はこれを、戦後教育の二元構造とみなしています。形式的には、文部省は指導・助言と言っている。けれども、その指導・助言の背景には、監督・命令権が控えている、だから指導・助言に従わなかった場合には、監督・命令権を発動されるということを背景にしてますから、指導・助言に従わなくてもいいと言いながら、従わなかった場合には何らかの措置が出されるということです。この指導・助言というものは、全く名目だけであって、いわば指導・助言による統制的な支配といったものが、この三〇年間作動してきた、こういう構造を明らかにしていく必要があると指摘したわけです。

文部省は現在も、文部省が行っているのは指導ですよ、指導・助言ですよ、と言ってきました。指導・助言以外はできませんから、例えば、文部省を辞めた菱村幸彦という文部省の元官僚（この当時・国立教育研究所長）がおりますけれども、最近、いろいろな事を書いております。文部省は監督・命令はしないので指導・助言を行う。都道府県に対しても、基本的には命令はできない。それから都道府県教育委員会も市町村には命令はできませんとか、ただ市町村教育委員会の場合は、市町村の学校に対して学校管理権がありますから、何らかの管理はします。それから都道府県教育委員会も都道府県立の高等学校や学校に対しては、命令権・管理権はありますが、けれども基本的には指導・助言であり指導・助言しかないのだと、こういうことをずっと繰り返して言ってきているわけです。

今回の例えば八五年の通知につきましても、私たちは、高石邦男元文部事務次官を去年（一九九二年）の一月三一日に京都地裁に出廷させ、尋問を行い証言をとりました。その証人尋問の中でも、文部省は命令監督権は持っていませんから指導したにすぎません、だからこの場合は、京都市教育委員会がそれに従うかどうかは京都市教育委員会側のお考えですと、こういうようなことを言っているわけです。ところが、京都市教育委員会の総務課長を以前に尋問したわけですけど、その時に京都市教育委員会の側は、八五年の通達は、これは従わなければならないものだと受け取っていましたと証言しているわけです。だから私たちは、この準備書面の中において、文部省や文部省の役人が指導と言っているけれども、文部省が出した指導という名のもとにおける通知は、全国の教育委員会には強制として受け取られて実際にそういうふうに機能したのだということを指摘したわけです。

こうした指導——私は「支配としての指導」と言ってまいりましたけれども——指導といったものが、いったいどういう意味があるのか、これは極めて重要なことです。戦後日本における教育行政の責務を説明するのに、文部省は監督・命令権で支配するのではなく、指導によって公的な支配するということは、極めて好都合なことなのです。私ども教育行政や教育関係の法律をやっている者は、大学の講義では戦後の教育行政の基本的な性格は、指導・助言であるということを言います。指導・助言とは従わなくてもよい事であって、監督・命令とは違うと説明します。ところが実は、戦後の文部行政における支配というのは、指導によって支配されてくる。こういう構造をいかに明らかにするかという点にこそ問題があるわけです

そういうことで、実は今回の「日の丸・君が代」についても、文部省や教育委員会は「指導です」「強い指導です」と繰り返して言っているわけです。強い指導が監督ではないかという

と、そうではありません。これは指導に過ぎません、ですから、これに従わなくてもよいのです。従わなくて結構です。これは指導なんです。こういう形での支配が、戦後日本における基本的な教育支配の構造としてつくられてきたというふうに思うわけです。ですから、指導と言っている限り、私たちは、そこから一歩踏み込めないでいる現状が、一つあるわけです。

新藤宗幸さんという人が『行政指導』（岩波新書）という本を出されています。これは「官庁と業界とのあいだ」というサブタイトルですから、内容は通産省と産業界における行政指導についてが主題です。例えば「表現・思想・信条などの自由に関する行政指導」（同書六一頁）というふうに言っているところがあるんですね。この中で「行政のあるところ、行政指導がある」と言われている、その一例として、教科書検定における、文部省の「改善意見」＋「修正意見」による「教科書内容の変更要請」は、行政指導だというふうに言っています。さらに、指導要領の改定が行われる前の「君が代」斉唱、「日の丸」掲揚の指導も、「このようなカテゴリーに属する行政指導」であると言っているわけです。これは、全くおかしいと思いますね。間違いだと思います。どうしてかと言いますと、文部省の役人は教育行政においては、文部省が教育委員会に行政指導をすることなんてないんです。行政指導という概念は、行政庁と行政庁以外の機関、例えば、民間の自動車業界に対して通産省が、何らかの、いろいろな事を行う場合を指します。ところが文部省・文部行政の場合は、制度として文部省があって、都道府県があって、それから市町村がある。その間は、きちんと指導助言関係とされているわけです。つまり、行政機関の間の関係で外部ではないんです。そこにおいては指導関係になるわけです。行政指導という概念を立てて、そして「日の丸・君が代」指導も行政指導だと言っている。行政指導とは、どういう意味があるかということがあります。これは例えば、行政機関、行政庁の行政指導に対して、自動車産業が従わないということは、あり得ます。けれども、いろいろな不利益を受けるから、従わなくてはならないということになります。けれども、文部省においては、「指導行政」というものはあるけれども、「行政指導」というのは、本来はないんです。

例えば、文部省が指導要領に基づいて、いろいろな伝達講習会をしたりして、そこでなにかやると、それは、文部省の教育課程や教育内容に関わる指導を、行政の中における、指導に関わる部分を、いわば、指導行政と言うんですね。それを逆にして、「行政指導」というのは、別な概念です。そういうめんどうくさい事がありますけれども、そうすると、前の方の、文部省の「指導行政」というのは、監督命令してはならない領域なんです。ところが現に行われているのは、学習指導要領にしても教科書の問題にしても、指導という名のもとにおいて、統制や強制を行っているという現実がある。これはやはり、指導行政とは異なるものだと、そういうふうに考えなければなりません。私どもは、「君が代」強制の文部省による支配の構造を分析してとらえていくために、そういうことを明らかにして、そのことを裁判所にきちんと認識させて、文部省は指導と言っているけれども、これは実質的に強制になっている構造と実態をはっきりと認めるべきであると主張しました。しかし、この点についても、判決の中では、全く触れられていません。

## 三　慣習法としての国歌の性格

それからもう一点は、さきほど申しましたけれども、「君が代」と国歌について触れている部分があるわけです。この判決では、「君が代」が国歌であるかどうかということについて判断しないと言っておきながら、裁判所としては、国歌としての「君が代」をこう考えると触れている部分があるわけです。これは、どういう趣旨で言っているかといいますと、国歌としての「君が代」について、適当かどうかという判断を排除するために触れている部分でこれに言及しているわけです。どういう事を言っているかといいますと、「国歌とかそれと同視される歌は、国民各人の心の深層に内在するシンボルの一つである。国歌ないしこれに準ずるものとして、君が代の内容が相当か否かは、内心に潜在するシンボルの適否の問題と言える。それはもともと、国民一人ひとりの感性と良心による慣習の帰趨に委ねられるべき性質のものである」と言っているわけです。

もしこれが、裁判所の言う通りであれば、公権力による強制はできないとなるでしょうし、そう理解するならなぜ強制したのか、その点に踏み込むべきです。ところが、いわば、一人ひとりの事に関わっているから裁判所としては判断しないと、一人ひとりで判断して下さいと、こういう事であるわけです。

この点は、たしかに国歌や当然国旗のことで「日の丸」のこともあると思いますけれども、国民一人ひとりの感性と良心による慣習の帰趨に委ねられるべきだという判断をとって、原告団・弁護団の中においても、これはやはり、裁判所は相応の判断をしたのではないかというふうに言っている部分であります。そしてさらにこの部分に触れて、国歌というのは、時代につれて意味が変わっていく歴史を持っているのだ、この国歌を受け止める側の国民においては、これを、伝統的なものだとして、維持するべきだという意見と、それから、時代に合わなくなったとして反対する意見の両方がある事はわかると言っているわけです。ところが、こうしたことは全て、裁判所がさらに、私たちの主張を退けるために言ったことに過ぎないわけで、この文面だけをもって、評価することはできないと、私は思います。

特に問題でありますのは、これから、いろいろな裁判や人事委員会審議で、争点の一つとなっていく問題であろうと思いますけれども、文部省や行政側が言っておりますのは、「日の丸」が国旗である、「君が代」が国歌である、ということは、何ら法的根拠がないということに対して、これは慣習法として認められてきたものだと、それから、国会などにおける法務局の長官の答弁や政府答弁の中においては「君が代」が国歌であるゆえんは、国民的確信であると、既に定着していると、多くの人たちが国歌として認めている、あるいは国旗として認めている、慣習的にすでにこれは、法的に決めなくても、これは実際には国旗・国歌に相応するものだということを言っているわけです。

そうしますと、制定法、実定法に対して慣習法というのが近代法においてありますけれども、慣習法において「日の丸」「君が代」が国旗である、国歌であると言えるのかどうかということが問題であるわけです。そうすると慣習法とか慣習とは何かということが、当然問題になるわけです。この判決は、国歌としての「君が代」は、われわれ一人ひとりが、自分の感性と内心によって、私は「君が代」を国歌として認めたい、隣の人は認めたくない、それはそれでいいじゃないかと、そうして多くの人たちが、慣習としてこれを受け入れて、歌って、これを国歌として実質的に認めているのなら、これはその慣習に委ねていいではないかという話なんですね。

けれども、今回の判決で私が思いますのは、一人ひとりの感性と良心による、慣習の帰趨に委ねられるということは、実は慣習として、国歌・国旗であることを認めて、そうであるから、文部省が指導要領において、「君が代」を国歌とし、「日の丸」を国旗とするのは当然である、「君が代」を国歌とし、「日の丸」を国旗とする法的根拠は、慣習法として成り立っているからだという話になるわけです。そうすると、慣習法というのは、私たち一人ひとりの自由を左右するような、強制的な権限の根拠になるのかどうかという話になるだろうと思います。例えば百歩ゆずって、「日の丸・君が代」は慣習法で、国旗・国歌だという法的根拠があるとします。しかし、その場合でも制定法と同じような根拠を持って強制力を持つのか、そういうことが問題になるだろうと思います。これは、そういうことを導くような、そういうものにつながっていると思いますので、今回の判決の、一人ひとりの良心の自由によるものと、慣習の帰趨によるという部分は、重大な問題を含んでいます。むしろ私は、最終的には、慣習によるというところに文面の基本的な意味がある、と考えますからこの点についても、おろそかにできない部分だろうと思います。

ところで、私たちは慣習というものをどう考えるか、ということですけれども、例えば、ヨーロッパなどにおいても、イギリスにおいては制定法というより慣習法が憲法的なものになっています。コモン・ローというのがありますし、カスタムというのがありますけれども、こうしたものが、制定法と同じような機能を有しております。慣習法をどう考えるかということは、今日においても、法学における大きな争点になっています。たとえば、慣習が悪習であるとするといった時に、それが慣習であるからといって従うべきかどうか、ということがあるでしょうし、あるいは、そうではなくて、民衆の中から、社会的な日常生活の中において、自分たちの生活の権利として、生きる権利として、制定法には決まってないけれども実質的にそれに従うことが、お互いに生きていく上で生きやすいという場合の、社会的事実としての慣行といった意味における慣習というのはあるでしょう。それはいわば、憲法や法律に規定されていないけれども、我々の権利として、それが社会生活上重要な意味を持っているとすれば、それは制定法と同じような意味を持って我々は尊重していかなければならない、というようなものとして、権利としての慣習として、慣習法的なとらえ方がありうるでしょう。

けれども、慣習法をめぐる問題については、一体、慣習法というのは制定法と同じように、法的な拘束力――サンクションですね、制裁をする根拠として、慣習法が使えるかどうか、ということがあります。けれども一般的には、慣習法として成り立っていると考えれば、制定法と同じように、慣習法は、サンクション――制裁できる、制裁の根拠として使える部分として、認められている部分があります。それから、そういうサンクションを持たないけれども、社会的事実において広く受容されているものであるならば、この慣習は、制定法と同じような効力を持って受けとめられて然るべきだという考え方も当然あるわけです。そういうような意味において、この慣習として「君が代・日の丸」をどう考えるかということが、当然一つの論点になっております。

なぜそれでは、戦後日本、あるいは戦前から、「君が代」を、実定法において、これが国歌である、「日の丸」を国旗であると明確に定めなかったのかということが問題にされています。いろいろな理由があるでしょうが、例えば、戦後であれば憲法第一条において、天皇は国民統合の象徴であるというふうにいう、そして一九六六年の「期待される人間像」において、天皇を敬愛しなければならないというそれ以降、この二〇年ほど、国旗や国歌を尊重することの態度も大事である、それはいわば、国民を統合していく、そういう一つのシンボルとして、「日の丸」や「君が代」が持っている意味があるのだと、こういうことも言ってきているわけです。そうすると、天皇を国民統合のシンボルとすることと「日の丸・君が代」を同じようにシンボルとすることになれば、天皇と「日の丸」と「君が代」が、並んで国家のシンボルになる、これは避けたいということになるのかも知れません。天皇だけ特別にしておくべきだからだとか、いろいろなご意見があると思いますが、そのようなことは、一つに過ぎませんけれども、なぜ、法的な規定をしないかということは、反対に、それをすることによって、新たな社会的な緊張、テンションが生み出されてきて、社会的に統合が難しくなるから、むしろしないほうが、支配においてベターであるというような判断も、あるでしょう。憲法改正が問題になってきていますが、憲法改正の中において、憲法上「日の丸」を国旗とする、「君が代」を国歌とする、というような規定を持ち込むかどうかということについては、これは与党や政府では、論議の一つになるだろうと思います。やはりしないでおいたほうがいいということになるのか、あるいは、憲法改正論議の中において、これをタブーにしないで論議していくのか、実質的に定着しているから、新たにする必要はないということになるのか、こういう状況と経緯の中で、今日こうした問題が起きていると思います。

いずれにしても、今回の私たちの「君が代」訴訟の中における、国歌ならびに「君が代」に関する、この部分については、私はどちらかと言いますと、その文面だけを取って、肯定的に評価するとは言えない部分ではないかと考えております。そういう意味で、戦後の裁判の中で、今回の京都における「君が代」訴訟の判決が、どのような現実的な意味を持っていくかということについては、今後の事に属すると思います。この判決批判をきちんとすること、そして控訴審において、どのように展開していくのか、という事にかかっていると思います。確かに、我々の主張が退けられたということも事実ですが、同時にその判決の論理自身が極めて矛盾しているので、控訴審において耐え得るかどうかということもある。そういうことで、私たちも改めて論理を再構築していく段階にあると思います。ですから、ぜひ皆さん方も一審判決を読んでいただいて、ここは問題ではないか、ここはこうではないかということを、いろいろお聞かせ願えればありがたいと思っている次第であります。

そういうことで、「君が代」の判決については、それぐらいにさせていただきたいと思います。

## 四　市民運動の新しい地平へ

そのことを前提にしながら、いくつかお話したい事があります。特に「日の丸・君が代」をめぐる問題では、八五年の通知以降、沖縄を含めて、色々な形での処分などが出ており、私も感覚的には、これを深刻に受け取める部分と、一方では、市民運動として、これは少数派なのかもしれませんが、我々がこの間、様々な〈教育〉批判をしてきたのですが、処分を契機として様々な市民が、新しい社会運動や新しいスタイルで、この運動に取り組んでいます。これは新しい可能性をふくんだ一つの現実があります。これをどのように位置づけていくのかということが、大きな意味を持ってきています。圧倒的多数においては、それは定着させられているわけです。強制に対する抵抗や反対をしている社会運動や市民運動の中で、こうしたことを通じて、改めて「君が代」は何なのか、あるいは、「日の丸」は何なのかということを、私たちはむしろ深く学んでいます。

例えば、私としても、京都でこの「君が代」訴訟に参加をする前は、「日の丸」や「君が代」についてなんとなくは考えてはおりましたけれども、実際これほどお互いに一生懸命勉強して、いったい「君が代」とはどういう歴史を持っていてどういう意味があるのか、どういうことが実際言われてきたのか、ということは、裁判を契機として初めて学びました。それは「日の丸」に関わっている方々も、そうだと思うんですね。実際に裁判の論理をつくっていくためにせざるを得ないわけですから、深い認識に到達しないといけない、そして、行政や権力の言っていることと、どこで決定的に対立しているのか、それがますますはっきりしてこなければならない。そこのところをどうつかむかということを真剣に問わざるをえない、そういう状況になってきています。そういう意味において、新しい場所に立たされている。別な見方をすれば、悲観的になる必要はないので、真っ当な時代批判、時代認識を持って対応すること、そのような運動の歴史的意義はいっそう重要になってきています。

文部省はこうしたことを一片の通知や通達でやっていくわけですね。その背景には、歴史的な経緯はあります。たとえば、八五年の通知は、実質的には義務化という状況を作り出したわけです。一体、文部省の通知や通達とは何か、どれほどの意味が、どれほどの拘束・支配力があるのか、問題にしなければならないと思うのです。

この点にふれて、歴史的な事例をあげてみます。一八九九年、ちょうど前世紀末の明治三二年になりますが、その八月三日に当時の文部省は私立学校令を公布します。その翌日、八月四日に文部省訓令「一般ノ教育ヲシテ宗教外ニ特立セシムルノ件」を発令しています。これは当時の「文部省訓令十二号」というものです。この訓令は、その後敗戦に至るまでの天皇制教育の支配体制が作られていく基盤のひとつになったものです。私は最近その点について、必要があって、いろいろと調べたりしています。そうしますと、一八九〇年の教育勅語をどう現場へ定着させていくか、こういう課題が当時の政府、明治政府にあったわけです。翌年の明治二四年の一八九一年には、学校行事における規定を出して、それを強めていくわけです。そういう中において、大きな問題の一つは、明治政府にとっては当時キリスト教の教育関係者が目ざわりであったわけです。それで、一八九九年に条約改正が行われて、それまで外国人は特定の場所に居住するようにされていたのを、アメリカやヨーロッパからの圧力によって、自由に日本国内において、外国人は活動できる、というようにせざるを得なくなってきたのですね。いわば、外圧による「内地雑居」の実施です。この内地雑居という条約改正に伴う状況の中で、キリスト教伝道や布教において、牧師や教団が、日本国内に沢山の学校を作って、キリスト教教育やそういう事をやっていくのではないか、そうすると天皇制教育が、やはり大きな問題をはらんでくる。どうにかしてキリスト者を統制し弾圧しなければならない、そういうことがあったわけです。そういう事情で、特にキリスト教関係であった私立学校に対する統制をしなければいけない、というので、この条約改正がなされた直後にこの私立学校令を出して、本来ならば、私立学校においては、宗教教育をしてはならないという条文を入れたかったわけですが、いろいろな事情によってできないで、翌日、訓令を出すわけです。訓令によって、教育と宗教を分離して、学校や教育機関においては、宗教教育をしてはならないとしたわけです。つまり、神社神道は宗教でないというタテマエをとりながら、その後国家神道によって国家が支配していくために、教育と分離をしたわけですね。これはまさに、明治国家が天皇制の支配のためにやったものです。これは、勅令でなくて訓令だったわけです。私立学校令は勅令でした。ところが勅令ではない、訓令というのは、一体どういう性格を持つか、という事があります。戦前における訓令の性格が問題です。

確かに戦前は、天皇制国家の体制ですから、文部省が出す訓令などが大きな力があったことも事実ですけれども、勅令ではなかったわけです。こういう評価が一つあります。「訓令は、その後、天皇制イデオロギーによって学校教育が支配されて行く上において、出発点になったものだ」と、こういう評価をしています。教育勅語より、この訓令が実質的に大きな役割を果したという、それは言い方もありますけれども、教育勅語あっての事だと思いますけれども、定着させた基本は、この訓令にあったという言い方があるのですね。その評価は別にして、そういうことが戦前においてもあったわけです。

そういう事からしますと、この一九八五年の文部省の「徹底通知」を、私たちは、どういうふうに受け取めるのか、批判するのかという事が、当然問題にされなければならないと思います。けれども今回の指導要領の改定において、さらにこれは義務づけられたわけですから、通知以上のものが、ある意味では、告示である指導要領によってなされ、法的拘束性を帯びるものとされてきました。それとの関係で、これを考えていかなければならない、ということになるだろうと思います。そういう問題の歴史的な流れの中において、この八〇年代後半から今日にかけての文部省の施策を、きちんと位置づけなおす必要があるのではないかと、そう考えます。

それから、これは、「君が代」訴訟に関わっている当事者の一人として、この住民訴訟が市民運動として行われたということは、とても高く評価しなければならないことだと思っています。ただ京都においても、運動の広がりという点に関して十分であるわけではない、ということも事実です。ところが問題は、この訴訟をどういう思想的な立場で行っていくのか、あるいは、「君が代」強制を思想的にどのように受け止めて批判していくのか。もちろん当然市民運動であれば、様々な立場があって当然だと思います。今回の「君が代」訴訟の要点は、「強制」の事実をどのように批判できるかという点です。鶴見俊輔さんが原告に参加しておられます。鶴見さんは、その時々に重要な発言をされておられます。今回も、九月の結審に際して、小文ながら意見書を出されています。リベラリストを自負しておられる鶴見さんの考え方からすれば、次のようなことになると思います。「君が代」について、それを歌いたい人がいればそれはそれで当然だと、「君が代」に対して、これを忌み嫌って、批判している人たちがいればそれも当然だろう。市民社会の中においては、「君が代」に対して、様々な立場を取るものがいるというのは当然だ。けれども、これを学校という公教育の中において強制することが問題なのであって、一般には「君が代」を歌うことが好きだという人がいたら、それはそれでいいじゃないか、我々は、そういう事を問題にしているのではなくして、学校の中で強制される事が問題なのだ、という考え方をいわれております。

これはやはり、私はリベラルな立場だろうと思います。たとえば、鶴見さんの書かれた意見書の中に、こうした所があります。これは、裁判官もこれを読んだとすれば、判決にかなり大きな影響を与えたところだと私は思うわけですけれども。

「これからの日本の国歌を考える時、さまざまな候補（例えば新しい国歌を作るということですけれども）があらわれて、お互いに競合することが、民主主義と自由主義の国にふさわしいと思います。公募されるとしても、ただちに、『君が代』をしのぐほどの信頼を集める歌詞と歌曲があらわれるとは、予想できません。その意味で『君が代』は、今日の日本において、安定した位置を持つものと思われます。同時に、その『君が代』が、この時代にふさわしいゆらぎをもつことを、今の日本の政治制度にふさわしいありかたと、私は考えます」というふうに言っておられます。

鶴見さんの、こういう考え方は、同じ原告の中の一つの考え方なんです。私はちょっと、スタンスが違うかなあと思うんです。つまり「君が代」は安定していて受け入れられている、という現実認識の立場にたってこの訴訟を行うか、そうでなくて「君が代」とか「日の丸」に対してはもっと別な観点がありうる、それを思想的に位置づけなければならないという立場もあると考えるか、そういうことです。

私は、鶴見さんのリベラルの考え方に、いつも深い敬意を表し、学んできた者の一人であると自負しておりますけれども、同じ原告の同志として、この点については、少し違うと感じています。私は、「君が代」「日の丸」の問題は、一人ひとりの良心の問題だとか、感性に委ねられる部分と、もっと制度として考えていかなければならない部分があるのではないか、歌う人がいるのはそれで結構だというふうに言うのではなく、歌う事自体が私たちの社会のあり方、将来の私たちの社会に向けてもおかしいという歴史的な経験において、そうだということを、もっと積極的に言うべきだといってもよいのだと思います。確かに、隣りに「君が代」を歌うことが好きだという人がいるのに対して、強制的にその人に歌うなというふうに、もちろん言うことはできないけれども、そういう人たちができるなら少なくなるように、われわれは運動をしていかなくてはならない、そういう立場に立つ必要があるだろうと思います。

リベラルな立場からすれば、隣りに歌いたい人がいたら、歌ってもよいではないか、それが状況の多数になった場合でも、私は私で歌わないし、強制してはならないのだから、その権利を認めるべきだ、少数者の権利を認めることが、憲法における精神的自由の権利保障だ、そういうことは確かにあると思うんですね。けれども、私たちがやはり戦後、あるいは戦前以来の「日の丸」・「君が代」問題について、それに反対する立場から行動していかなくてはならないという人たちの中においては、もうちょっと違うスタンスがあるだろうと思います。

この点に関して、鶴見さんの思想的立場をもうすこしていねいに紹介しておきます。山田孝《よし》夫《お》の『君が代の歴史』という本が「明治に入ってこの歌が、事実上、国歌としてのあつかいをうける習慣が成立するまでの歴史」にふれていることをあげ、江戸時代までは「君が代」は宴会の舞いおさめの歌、ものもらいの門附《かどつけ》の歌にも用いられたもので、ここから、「そのように、『君が代』という歌の千年あまりの時代の中での、意味のゆらぎとふりはばに注目してほしいというのが私の主張です」と言っておられます。千年にわたり、ちがうリズムと旋律で歌い継がれてきたのは、それだけの根拠があったというわけで、明治中期以後の「君が代」のありかたに固定して考えることに「せまさを感じる」としています。こうした点から、敗戦までの五〇年が例外的であったのだし、戦後の五〇年も「戦時中とおなじようなせまい意味のはば」にこの歌を押し込めているのではないか、こうも言っておられます。鶴見さんらしいスタンスでなるほどと思います。

歌の歴史がそうであったとしても、それが日本帝国のシンボルとされ、侵略の抑圧のための道具とされたのは、民衆の慣習の力をうけてではなく、支配するものの意志によってであったということが言うまでもなく重要ですし、そうした構図は現在においても同じであるわけです。問題は、「君が代」の国歌化にあったのであり、それゆえに国歌化された「君が代」の非国歌化、なによりも「君が代」に付着せしめられたあらゆる国歌的意味付与、意味づけをいったんすべて引き剥すこと、実質的に「国歌」として機能させられている現実を押し戻し、そのために国歌とは何か、国旗とは何かという観点から、国家権力と個人との関係において、それからまた、個人の生き方、自由を拘束するものではないという市民的諒解の広がりをつくりだすことが必要である、私はそう思います。

このように考えれば、国歌化され、制度化されてきた、あるいはされつづけてきたような「斉唱」のような形での「君が代」は、できるだけ歌われないようにする、ましてやその強制は行わないとするのが当然です。「起立・礼・注目・斉唱」を伴う「君が代・日の丸」の制度化・国歌化に反対する、それがひとつの立場、あえて言えば私たちがとりうるひとつの立場だと言えるのかもしれません。

鶴見さんの立場がリベラルな思想のスタンスだとするならば、近代の国民国家、資本主義国家の支配のあり方に批判的であり、それを変革しようとしてきた社会的な運動といった立場からもその思想的な対抗精神を掘り下げていく必要があるでしょう。

いずれにしても私たちは、様々な市民運動のスタイルで、この運動をやっていかなければならないわけですが、私たちの運動の中において、共に生きる、共に手をつないでやっていく時に、その思想的なあり方を、どのようにお互いに認め合いながら、この運動を思想的にも豊かにして、行動の広がりをつくり出す広場、そのための広がりを、どうつくるかということは、それぞれの方々の運動の中において、もっと自覚的になされていってもよいのではないかと思います。

そういう点から申しますと、「君が代」訴訟自身の中で、弁護団、弁護士の中でもちょっと違いがありました。準備書面をつくる段階で弁護士と意見を異にすることもありました。弁護士と論議するなかでお互いに考えていかなければならない問題であろうと思いました。この「君が代」訴訟の経験から申しますと、そういう、リベラルな立場のように、一人ひとりの立場を重視することと、もう一つ、私たちは、一人ひとりも大事だけれども、一人ひとりがどうつながるか、つながり合えるかという論理と思想をどうつくりだすのかということも大事ではないか。鶴見さんの考え方の背景には、これはもう大勢は決していると、戦後半世紀の中において、文部省・政府は、大勢を決して来たと、圧倒的多数の学校においても、「日の丸・君が代」はやられているではないかと、そういう中において、あえて私たちが、異議を唱えていくという立場において、そういう事を主張するのだというふうに言われているのだと思えます。私たちはその時に、大勢が決したかどうかと見るのは別としても、この九〇年代の時代における私たちの運動と立場が、どのような可能性につながっていくかということを考えていく必要があるのではないかと思います。

それで、そういう事を私の経験から、お話しさせていただいたわけです。現在、大阪の東淀川高校での「日の丸」の処分をめぐる裁判が、大阪地裁で行われています。その中で、例えば、訓告だから、実損が無いということで行政裁判でなく「日の丸」問題が国家賠償裁判になっているわけです。どういう損害を受けたか、ということを立証しなければならない。「日の丸」がポールにあがっているとか、あげられている、ということが、どういう損害になるのか。物的な損害ではないとすれば、これは、精神的な損害の問題であるという事になります。

実際どうするかは検討されていますが、たとえばＮＨＫが朝と夜、はじめとおわりに「君が代」を流して、「日の丸」を放映していますが、黙っていてよいかどうか、ということがあるのです。裁判に訴えるという事は、あり得ると思うんです。私たちは「君が代」を歌いたくなければ起立しなければいい、歌わなければいい、というのですが、それがその場で流されている、という事自身が問題であるわけです。そうすると、ＮＨＫにしても、流していて、「自己満足」でやっているのかも知れませんが、そうでなくてもっと政治的な意図があって、ずっとやってきているわけです。そういう事からすれば、「君が代」の歌詞は、これは憲法に違反するものだ、公共の秩序にも反するものだという立場が当然あってよいわけです。「君が代」をテープに吹き込んだのも、そういう憲法に違反するものを吹き込んだからだと、そういうことからすれば、なぜ、「公共」放送であるものが、そういう「物」を流しているのか、聞かなければよいというものではなくて、流すこと自体が問題であるというそのことを含めて、問題にしていかなければならないのではないかと思います。あのような放映が憲法違反であるかどうかは別にして、批判しうる論理をつくっていくことが必要です。消せば聞かないで済むんだからという問題ではない。流している事自体がいかに問題であるか、ということです。それから、テレビで画像として「日の丸」を流していることが、いかに問題であるか。こういう事を、指摘していく事が、私たちの、「日の丸・君が代」に対する思想的なあり方をもう少しつめていくことにつながっていくものではないかと思います。

最後に、この運動に関わって、いくつかお話し申し上げたいと思います。私も、教育の問題を勉強し出して、三〇年位になります。その中で、現在の学校の現状や、それを支える教育の思想や論理を、どのように批判できるかを考えてまいりました。この「日の丸・君が代」強制反対の運動も、現在の公教育や、管理教育のいじめや、あるいは校則や、そして、偏差値教育や、そうした様々な、日本における学校教育をめぐる問題、子どもをめぐる問題、あるいは私たち市民の生活に関わる部分の問題、またそこで行われてきた成果をどのように私たちの運動につなげていくか、それにつながっている大きな課題だと思います。

そういうふうに考えますと、今日も、この集会のテーマが「教師と地域運動を結ぶ交流会」となっていますけれども、この「日の丸・君が代」強制反対の運動を、教師だけでないのですから、学校の中においても様々な職員の方がおられますし、あるいは地域社会においては、確かに学校が基本ですけれども、それに関わっているのは、様々な人たちです。私たちの「日の丸・君が代」強制反対運動を、もう少し広げていくためには、この「教師と何々」ではなくて、もっと広い市民的な基盤をつくり出せるようにしないと、教師中心主義的な運動、教師を支える運動になっていかざるを得ない部分があります。これは、いってみれば、教師専門職論に対する問題にもかかわってくるだろうと思います。一つの提案があります。教師と地域運動を結ぶ交流会ではなくて、様々な人たちが入ってこれるようなものにしていくようなあり方にできないだろうか、ということです。実際に学校の中では、教師以外の人たちによって、むしろ積極的に、「日の丸・君が代」闘争が支えられている部分もあると言えますし、あるいは、地域社会におきましては、様々な労働者や労働組合が、地域の中で活動しています。

そうすると、確かに教師が頑張っていることも事実ですけれども、教師だけではないわけです。教師中心主義的なあり方の克服はこの運動の広がりをつくることへの自覚が必要です。こういうことを契機にして、もう少し、広いものの見方ができてくるように思いますし、思想の広がりも可能だと思います。学校が市民社会の常識からかけ離れた所になっている現実があります。どれほど社会の論理が通用しないところになっているか。これは学校を職場とする者の責任でもあるわけです。ですから地域社会に向けて開放する。そのうえで市民運動と結合する。学校内における運動と連携できるような、新しい理論と思想のあり方を、自前でつくっていく必要があるのではないかと思います。日教組は、後退戦を強いられています。従来とはちがう新しい社会運動の展開を求めていくためには、私たち自身が、ひとつひとつそれから脱皮していく、思想的にも脱皮していく、むしろ積極的に引き受けていく、そういう事が社会に呼びかけていく場合に大事ではないだろうかと、そんなふうに思います。いろいろまだお話ししたいのですけれども、このへんで私の話を終えさせていただきたいと思います。

（本稿は「第二回『日の丸・君が代』強制反対！　教師と地域を結ぶ交流会」（一九九三年一月三〇日）での講演録である。なお、初出稿に必要な加除を行った。）

# 国旗・国歌法がもたらすもの

## はじめに

国旗・国歌法案が（一九九九年）八月九日、参議院で可決採択された。二月末の広島県立世羅高校の校長自殺を契機に、二転三転した後、六月一一日の法案の閣議決定、国会提出、七月二二日の衆議院での採択を経た上での法案成立となった。時代が急カーブで大きく右傾化し、戦後から新たな戦前へと転換し始めていることを肌で感じざるを得ない状況となっている。新ガイドライン（日米防衛協力指針）法に続く組織的犯罪対策三法による通信傍受・盗聴や住民基本台帳法「改正」による総背番号制の法制化、さらに予定される有事立法などと国旗・国歌法が連動していることは誰の目にも明らかである。そこに共通しているのは国権を強化し民権を抑圧・統制する多数の横暴による国家主義的傾向の強化である。加えて憲法調査会の設置による憲法「改正」および教育基本法の「改正」作業への着手、さらにそればかりでなく靖国神社のA級戦犯の分祀と特殊法人化による国家護持、公式参拝の正当化なども意図されている。こうした一方、中央省庁等改革再編関連法、地方分権一括法、男女雇用機会均等法につづく男女共同参画社会基本法、NPO法、労働基準法「改正」など国家レベルから社会レベルに至る一連の立法政策は戦後国家の基本的枠組みを転換させ、社会システムを変えつつある。それらがどのように既存のシステムや社会生活のあり方を変えようとしているのか、相互にどのように連関しているのか、事態の進展はそれを明らかにする余裕さえ与えないほどの勢いで進んできた。しかしながらこうした延長線上に戦争国家体制に向けた新秩序の確立と新たな国民統合イデオロギーの形成が想定されているのは明らかである。

国旗と国歌が法律によって定められたが、このことは近代以降の日本においていまだかつてなかったことである。なぜ今日に至るまで法制化されずにきたのか、むしろそれが問われてよい。それに触れることで日本国家にとって、また私たちにとって法制化とは何を意味するのか、それがなにをもたらすのか、問題の所在を明らかにしうるからである。国旗・国歌法を有する時代への入り口にあって、私たちにとって問われているのは想像以上に重大なことがらである。

## 全体主義の抑圧と排除

国旗・国歌の法制化の直接の目的はどこにあるのか。周知のことではあったが、国会審議においで政府の意図があらためて明確にされた。

八月二日の参議院の国旗・国歌特別委員会で文部省の一官僚は「教職員が国旗・国歌の指導に矛盾を感じ、思想・良心の自由を理由に指導を拒否することまでは保障されていない。公務員の身分を持つ以上、適切に（職務を）執行する必要がある」と述べたと報道された（『朝日新聞』八月三日）。さらに、憲法一九条が定める思想・良心の自由などの条項は、教職員が教育委員会や校長の職務命令に従わない直接の理由にはならず、違反した場合は、地方公務員法上の処分対象となるとの認識を示したものだとされた。

また、国旗・国歌を学校現場の教職員さらには児童・生徒に強制するものではないかとの再三の指摘に、政府当局者はそういう趣旨でないとの答弁を繰り返してきた。しかしそれが詭弁に過ぎず、本音はうむをいわせぬ強制にあるのはいうまでもない。国旗・国歌の掲揚・斉唱指導の学習指導要領による義務づけは、その根拠法を得て思想・良心の自由などの憲法条項に優位するという。権力解釈とはこういうことだとあからさまである。

校長自殺事件後、広島県教育委員会は三月二三日、「日の丸・君が代」を実施しなかった県立高校の校長二一人に対して戒告などの処分、続いて服務監督権をもたない小中学校の校長一五七人を文書訓告とするよう市町村教委に通知を出して処分するように迫った。七月一六日、一九日、北九州市教育委員会は今春の卒・入学式の「君が代」斉唱時にただ黙って座っているだけで歌えないと意志表示したことを理由に、北九州「君が代」訴訟原告でもある教職員らに「減給一カ月」の懲戒処分を行った。七月二一日には東京都教育委員会は公立小学校の入学式で「君が代」のピアノ伴奏を拒否した女性教員を、地方公務員法の職務命令違反、信用失墜行為に当たるとして戒告処分とした。法制化論議のただ中でのこうした強圧的処分による教員への弾圧は、「定着」なるものが強権的な統制支配を通して実体化されてきたことを示すものにほかならない。マスコミや新聞は、アンケート調査などを理由に、「日の丸・君が代」が定着して社会的に受け入れられてきたとの報道を繰り返してきた。しかし、一九八五年の文部省によるいわゆる「日の丸・君が代」指導の「徹底通知」以後の一〇年間だけでも八六〇人以上の処分が出されてきた。こうした処分行政が実施率の一〇〇%化をすすめ、定着してきたとする社会意識をつくりあげてきたと言うべきなのだ。定着しており法制化は当然であるとする立場に対して、定着がこうした教育行政当局による服従を強い、従わないものに制裁を加え、権力への拝跪の強要、さらには排除によってなされてきたという事実こそ、明らかにされるべきものであった。しかしこの点について触れられることはなかった。たとえば「京都『君が代』訴訟」は一三年間にわたる裁判闘争を通して「君が代」強制の実態を告発し、在日朝鮮人への同化排外を含む人権抑圧を問うてきた（『資料　京都「君が代」訴訟』緑風出版、一九九九年七月参照）。

法制化は、これまでのこうした経緯と実態を無視して強制を容認するばかりでない。国旗・国歌が思想・良心の自由と関係ないとはいえないとしながら、公務員である以上、職務遂行上、思想・良心の自由は制約され認められないのは当然であるという。児童生徒に強制することはしないが、指導して実施させるようにする。それが教員の責務だ。要するに、子どもたちに内心の自由の世界があるとしても、教員は指導を通して国旗・国歌の問題は内心の自由の問題ではないと子どもたちに強引に納得させるということだ。

ところで実施率一〇〇%とは「日の丸・君が代」にせよ、国旗・国歌にしても、内心の自由の問題とは関係ないとする人びとが支配的になっていることの表示にほかならない。年に数回の学校行事で意に反した行為(敬礼・斉唱)をしたとしても、それによって内心の自由を放棄したわけではないと自分に言い聞かせることはできる。しかし内心の自由に関わる態度の表明が必要な場において自由な意志表明ができないというのは、個人の尊厳を深く損なうものであり、その後のあらゆる弁明を無力にさせるものだ。そのような立場の保持は良心を引き裂き、自己矛盾を伴う。支配的意識を受容していこうという傾向もそこから生ずる。なお内心の自由を求める人びとがいても、それらの主張や存在を認めていく寛容さはこれらの人びとに向けられる排他的な心性を上回ることはないであろう。全体主義の抑圧と排除の構造はこのようにして成り立っていく面があるのだ。国旗・国歌法の時代はこうした状況を学校に止まらず社会全体にいっそう拡大し、加速させて行かざるをえない。問題は「日の丸・君が代」に関わる天皇制、とりわけ象徴天皇制がどのように進展していくのかという点にある。強制という直接の目的とは別に、国旗・国歌法のより主要な目的は、戦後国家の体制的枠組みに代替しうる基本構図の新たな設定、国家へのアイデンティティの形成、そこへ踏み出すきっかけをつくり出した点にあったというべきだろう。

## 法制化戦略の融通無碍と暴力性

法制化をめぐる論議において、「日の丸・君が代」を肯定する立場から、次のような法制化に疑義を提示する論陣が張られてきた。「日の丸」は国際常識に照らして日本の国旗であることは国民的なコンセンサスとなっており、「いまさら法制化する必要はない」。「君が代」は「成立当時から天皇に対する敬礼の歌であり、曲であった」から「国歌として法制化するのには無理がある」。国旗には天皇旗（菊花紋章）とは異なる「日の丸」を使い、国歌には天皇礼式曲たる「君が代」をスライドさせてきた。この二重基準の問題、成立事情、歴史的経緯の違いを無視して一体化させて法制化するのは問題である。「君が代」は「文化としての天皇制」に関わるもので法律とせず、伝統、慣習に委ねるのがよい（松本健一『毎日新聞』一九九九年七月一三日、『論座』一九九九年八月号など）。「国歌として法制化されたとしても、斉唱を義務づけることには反対である」「学校でも無理に歌わなくてもいい」と述べるが、強制の実態を見ないものの言い方である。

それは別として、問題はここに見られる非法制化論というべき伝統・慣習論である。「文化としての天皇制」の永続性は近代の法治原理に帰すことはできないし、してはならないとする思想がそのバックボーンにある。戦前において「君が代」は天皇賛歌であって国歌ではないとされていた。周知のように、一九三五年の「天皇機関説」事件を契機に極端な天皇神格化をすすめた「国体明徴」運動は、一九三七年の文部省による『国体の本義』を通して「日本人の愛国は『忠君』が本質で、忠君とは別の愛国を認めなかった」（井上清）のである。この流れの中で戦時下の一九四二年の国定教科書から「国歌」の表示が消えた。「君が代」が国歌と呼ばれたのは一九三七年から一九四一年の修身教科書においてだけであった。天皇賛歌である「君が代」を国歌とするのは「愛国」が不敬であると同様に不敬としたのである。

こうした主張の流れを汲む教学派的立場は、天皇そのものが象徴とされた戦後において、天皇と「日の丸・君が代」および国旗、国歌の相互の関係をどのようにするのか、そういう問題に直面させられたといえる。この問題を曖昧にしたり、取り扱いに適切さを欠くならば、戦後において国民を統合する「日の丸・君が代」のイデオロギー的機能のみならず、象徴天皇制のありようを左右するものとならざるをえなかった。ところで一九五八年の学習指導要領において「日の丸」が国旗とされ、一九七七年には「君が代」が国歌とされたが、それが国家の基本体制の問題として戦略的かつ原理的に検討された上でのことであったかどうかは定かでない。

しかし一九六二年、総理府に設置された公式制度連絡調査会議において法制化の可能性が検討され、一九七四年には国旗、国歌法制化の是非を目的とした世論調査が実施された事実があり、その限りで法制化は政府の方針として保持されていたといえる。ここには状況に規定されたとはいえ、教学派的立場と異なる憲法の枠内で国家支配を機能合理主義的に構成し、法治主義をもってそれに対処しようとする流れが存在した。しかし、そこに教学派的主張に対抗すべき論理、国家構想が備えられていたわけではない。一方、教学派的グループにしても戦後的枠組みをまったく無視するわけにはいかなかった。こうして法制化の是非にとらわれず法制化を推進するグループが神社本庁、日本会議を含めてつくられてきた。しかしそこにおいて法制化と象徴天皇制の相互関係に対する「体制」解釈や問題に決着がなされたといえず、なお曖昧さは残されたままであった。学習指導要領による「法制化なし」の方策は、その後、法制化が見送られた結果であって、この戦略はこれらの関係を曖昧にしたままの妥協の産物というべきものであった。「日の丸・君が代」推進ブロックにおけるこの曖昧さとそれによる結託こそ、融通無碍でありながら、暴力的強圧性を発揮し、無言の圧力をもたらすイデオロギー的体質を表しているものだ。

## 象徴天皇制を核とした新国家主義

もちろん、法制化されずにきたのには次のような事情があった。第一、法制化問題は世論を二分する政治的対立を呼び起こすだけでなく、戦争責任に関わるアジアおよび国際的な反発を招くことになるので、あえて着手しない。第二、学習指導要領により学校では国旗・国歌の実効的浸透が図られてきたので、法制化なしの方策で対応するのが妥当であり、それによって国民的定着も図られてきた。第三、元来、法制化する問題ではない、あえて法制化する必要はないとする立場があった。第一、第二は状況論であり、状況次第による法制化論でもあるが、第三は原則論であり、無用論ないし反対論であり、前記した伝統・慣習論はこれに当たる。しかし法制化論にせよ、反対論にしても、天皇、「日の丸」、「君が代」、国旗、国歌および国家とがそれぞれ相互にどのような関係にあり、それが国家的な統治、体制の構造としてどのように位置づけられ構成されるのか明示してきたわけではない。またこれをめぐる本格的な論議が繰り広げられたこともない。ここでこの点に関わる問題の所在を指摘した一文を引用しておきたい。

たとえば、文部省が行った、日の丸が国旗であり、君が代が国歌であるという判断すら、もともと国旗にしても国歌にしてもそれは国家を象徴するものであり、それならば、日本国憲法で規定している象徴そのもの、つまり天皇と国旗・国歌は同じものなのか、あるいは象徴の象徴と考えて、日の丸、君が代は天皇家のハタであり、歌であるということになるのか、といった最も基本的な議論すら経ていない。戦前期にすら結論が出せず、戦後においても総理府が手を付けかねていた難問、そしてそれは戦前期の天皇機関説論争にまで確実にさかのぼる体制解釈にかかる重要問題につながっている問題であるが、それを一人文部省が突出して無邪気に「決定」している訳である（尾崎ムゲン『戦後教育史論』インパクト出版会、一九九一年）。

ここに指摘された事情はその後今日まで基本的に変わっていない。実際、国家体制に関わる問題の所在が意識化され提示されてきたとは言えないのである。尾崎氏は彼らの主張する戦前、戦後教育の総括はなお古典的枠組みの議論であり、「新しい天皇制、象徴天皇を中心に組み立てられるであろう本格的な日本ナショナリズムおよびアジア、世界論の組み立てばこれからの作業である」と論じていた。しかしこうした指摘について、九〇年代に入って以降の、国際的には冷戦体制の終結、国内的には自社さ連立政権による「五五年体制」の終焉、文部省・日教組のパートナー関係への転換、「女性のためのアジア平和国民基金」による「戦後補償」などの一連の事態は、八〇年代の中曽根政権以来の新国家主義に新たな内実をもたらしてきたのではないかとする見方を引き出すだろう。

事実、一九八〇年代に繰り返された侵略記述に関する教科書問題までは、韓国、朝鮮、中国およびアジア諸国と日本国家との関係は、天皇および国家の戦争責任の負債をめぐる加害・被害関係の磁場に捕縛され国家主権の行使にバイアスがかけられていた。九〇年代における世界資本主義、グローバリズムは市場化が促した国家間の等価性と相互依存性を基礎に、とくに政治的軍事的側面における国家主権の相互承認を国家の行動原理として押し出した。頻発してきた地域・民族紛争や戦争はこうした世界資本主義の政治的所産である。このような状況において、「従軍慰安婦」問題は戦後日本国家の未決の戦争責任と国家責任に関わる問題の所在をあらためて浮上させた。大日本帝国による侵略戦争、植民地支配にともなう戦争被害者への補償責任の追及と謝罪要求の前で、日本政府は形式的謝罪と民間補償によって国家責任を回避し、戦後決算がなされたと強弁した。こうした措置をもって、とくに東・東南アジア諸国との間での国家関係を呪縛してきた「バイアス」から解放されたのだとする日本国家に都合のよい諒解を自他に認めさせようとしてきたのである。それはある種の「主権回復」というべきものであった。歴史事実の歪曲修正による侵略戦争の肯定と正当化を公然と主張する自由主義史観グループによる教科書攻撃、同史観による教科書作成の一連の運動は、以上のような国家主権あるいはナショナリティの現在を感知して、それにイデオロギー的表現を与えようとするものであろう。ただこうしたグループによるイデオロギー的主張をそのまま国家イデオロギーとイコールだとみなすことはできない。それは社会運動レベルのそれであって、そのまま国家体制の認識、将来の国家構想を引き受けるに足るイデオロギーになりうるとはかぎらないからである。

今日、日本資本主義国家は軍事面においても国家主権を行使し、それを可能にしうる国民統合のイデオロギーの登場、戦後国家を転換させうる新国家主義の構築という課題に直面している。この点に国旗・国歌法はどのように関係しているのか。それについて次のように指摘したことがある。「日の丸・君が代」の法制化は、国旗・国歌を日本国家および日本国民統合の象徴とすることになる。そうだとすれば憲法による天皇の象徴規定との関係が避けられず、双方の「競合関係性」という問題が生ずる。天皇とは別個の国家の象徴の新たな法的規定は、「国の象徴」および「国民統合の象徴」たる天皇の位置づけに影響を与え、「統治構造のありようを左右しかねない天皇制度の根本に連動している」と（『処分論――「日の丸」「君が代」と公教育』

インパクト出版会　一九九五年)。

今回の法制化に際して、政府はこうしたレベルでの国家論を提示しなかった。というよりできなかった。「君が代」の歌詞の解釈にしても、およそ場当たり的であって、新たな国家構想を踏まえた硬質な論理が背景に控えているとうかがわせるものは何一つ見いだせない。ということは、戦後引きずってきた体制解釈をめぐる問題に決着がつけられていないということだ。いいかえれば、そのことは〈「日の丸・君が代」＝慣習＝天皇制〉と〈国旗・国歌＝法制化＝国家〉という対抗図が二重化しつつ補完し合い、そこから生ずる相乗効果によって新たな体制の構図をつくり出す以外にないということを意味した。たとえば共産党の法制化論議の容認論もこの磁場で生じたのであり、後者から前者を受容していく道筋をつけることで、「体制」を十分に補完するものとなったといえるからだ。そういう派生効果を生んだのだ。

たしかに日本ナショナリズムは新たな段階に至っているのであろうが、それはいかにもこうしたある種の偶然さに導かれ、曖昧さによって装われたナショナリズムなのだ。国旗・国歌法のもつ問題性は、むしろその場当たり的な法制化のやり方や「政治的な不純な動機」をむしろ挺子にして、民衆支配の新たなあり方を実現させてしまうような国家主義のありようを提示した点にある。もちろんその帰趨は世界資本主義と日本資本主義、グローバリズムとナショナリズムの相互関係に規定されて展開せざるをえない。この象徴天皇制を核とした新国家主義とは、一九世紀末以降成立した帝国日本の国民国家、戦後憲法下の国民国家につぐ新たな国民国家を目指すものだろう。それは予定される憲法改正論議を通して骨格を現すであろう。ただ第一、第二のそれと相違する点は、国民国家内部の統合・排除の支配機能としての有効性が冷戦終結後の世界資本主義体制の下での国家間の関係に深く左右されていることである。

しかし、はっきりしているのは国家権力による人権の抑圧、民衆の統制管理がいっそう強化されていくことだ。こうした進展しつつある事態を前に、支配装置を支える新たなイデオロギーとしての脆弱さの一面を見据えつつ、それに冷静に対応していくことが求められている。いずれ法解釈論を含めて象徴としての「天皇」「国旗」「国歌」の相互の関係、それら象徴と「日の丸」「君が代」との関係が問題となろう。この論議の質が国家イデオロギーの内実を規定し、権力支配のありようとこれに対抗していく方向に影響をもたらすに相違ない。

## 学校の中に精神の自由をめざす運動を

かつて私は「戦後公教育は象徴天皇制下における教育、端的にいうならば象徴天皇制教育とでもいえるような教育状況へと進展しつつあるようにみえる」と指摘したことがある。国旗・国歌法の制定はその明確な契機となった。それは公教育の場において象徴天皇、現天皇を敬意の対象として編制される教育課程を公定し、それに基づく教育・学習を教職員、児童・生徒に義務づけ、強制してくるものになるだろう。意図されているのは卒業式、入学式に加え始業式、終業式を含む年間の学校行事での掲揚時の起立・敬礼、斉唱のみならず、総合的学習も想定した教科指導を通じてそれを日常化していくことである。象徴への反復的な儀礼（敬意）行為は国家的価値への服従を強制する方法であり、国民国家における国民教育の常道としての方法であった。

まさにこうした教育体制を否定したところから戦後教育はスタートしたと見なされてきた。しかし、戦後的価値によって戦後教育をリードしてきた民主教育、平和教育、解放教育、人権教育さらには教育労働運動は国旗・国歌法による「体制」転換を阻むことはできなかった。その理由はいくつもあるだろう。そのひとつはこの転換が憲法における国民主権から象徴天皇への原理の転換であることに関係している。憲法・教育基本法体制は象徴天皇制原理をも付随していたが、この観点から「体制」を捉え批判することが行われなかった。国民主権、基本的人権、平和主義の三原則を理念化した国民主義、国民教育運動は、戦争責任を免責された天皇制、象徴天皇制抜きの憲法・教育基本法論にとどまってきた。こうして新しい国民を創造するという軛きから自由になれなかった国民教育運動は、象徴主義による「新しい型」の国家主義的な国民教育に呼び込まれるものとなっていった。

国旗・国歌法はあらためて学校に権力と自由という伝統的な対立構図を呼び戻すかもしれない。しかし大多数の学校では、もはやそうした構図さえ成立しがたくなっている。しかも学校の中での精神的自由の確立は、戦後的価値に基づく学校観、教育観そのものによっても阻まれてきたところがある。第一に学校における教育関係の抑圧支配性、教育の権威性を批判的に対象化する実践と思想の不徹底、第二に教職員組合運動、「教育労働運動」の組織原理にかかわる少数者尊重という思想への不寛容さなどがそれである。こうした運動の中の負性の克服を目指してきた新しい組合運動とともに、国家に対抗し人権を実現しようとする諸個人の自由な連合に基づくさまざまな社会運動において、学校の中に良心の自由をめざす試みがあらためて始まるといってよいのかもしれない。

戦後の公教育批判の運動と思想は、近代学校批判の観点からのさまざまな経験、実践、運動、理論、思想を蓄積してきた。権力による強制と内心の自由の問題は、こうした重層的かつ多元的な教育関係をめぐる公教育批判の位相と課題から問われていく必要があると思う。もともと国民教育は近代資本制公教育の特殊歴史的な形態であって、私たちが向き合っているのは世界資本主義の時代のそれであり、新国家主義的な日本国民教育にほかならないからである。いま教育改革論において新たな公共性論が高唱されているが、それらが象徴天皇制によって仕組まれた国家性に取り込まれ、排外的な共同体論に接続して行きつつあることも知っておいてよいだろう。

（一九九九年八月一〇日）

# 国旗・国歌法と支配装置としての学校

## 学習指導要領・職務命令・処分をめぐって

二月二九日、大阪府教育委員会は、一九九八年に行われた卒業式、入学式で校庭のポールから「日の丸」を引き下ろしたなどを理由に、豊中市立小学校の男性教諭を停職一カ月、監督責任で当時の校長を戒告とする懲戒処分を行った。「校長の国旗掲揚義務に協力せず、実力行使で国旗を降ろした」というのが処分理由である。法制化以後、大阪では初めての処分であり、全国で繰り返されてきた一連の「日の丸・君が代」強制の実態を示すものである。一昨年にさかのぼってあえてこの時期に処分を断行する背景には、文部省の意向を受け、学校現場へ圧力をかける意図が明瞭である。

法制化後の最初の卒業式・入学式をめぐってさまざまな抵抗や不服従が試みられるに相違ない。広島県の校長の自殺から一年、「日の丸・君が代」強制はかつてないほど強権的にすすめられてきた。法案審議の中で「強制はしない」とした政府当局者の答弁など、まったくの方便だとはじめから分かっていたとしても、教育委員会による力ずくの反対、批判、異議の封じ込めにはすさまじいものがある。どうあっても「日の丸・君が代」実施率を一〇〇%にして全国を制圧するのだと言う権力の横暴さを貫こうとしている。このような有無を言わせず権力への服従を強いる国家に対面させられているのだと、あらためて思わざるをえない。

五年前に『処分論――「日の丸」「君が代」と公教育』(インパクト出版会)をまとめて、とくに一九八五年の「徹底通知」以降の一〇年間の強制の経緯と実態を明らかにし、この間に教職員の被処分者数が八六〇人以上にのぼったことも指摘した。そのうえで象徴天皇制教育とでも言えるような現実が進展しつつあるのではないか、そういうことにも触れた。その後の法制化に至る過程およびそれ以後の現在の状況は、グローバリゼーションに伴う新たなナショナリズムへの求心力のあらわれを示すものだ。天皇が国民統合に有効たりうるのか、あるいは「天皇抜き」のナショナリズムに向かうのか、そうした論議にもかかわる。しかし象徴天皇制は戦後五五年目に開始された憲法改正および教育基本法の見直し作業において新たな国民支配の装置へと再定義されていくことになるだろう。そこで問題にしたかったことは、戦後の憲法・教育基本法体制論における戦争責任にかかわる天皇の免責への不問、それを前提とした国民教育論が「日の丸・君が代」を追認せざるを得ないようになってきたことを、国民教育論批判にとどめずに「強制」に抗して行くためにどのように受けとめていくか、それを考えてみたいというところにあった。象徴天皇制教育という言い方で教育の現実を特徴づけるにはいくつもの留保がいるであろうし、そうした表現が適切かどうかということもある。しかし「日の丸・君が代」

強制の実態はいずれそうした見方を問題にせざるをえなくさせるのではないか、そのように思う。

昨夏以来の状況はあらためて強制への反対、異議、不服従をいっさい認めないとする公権力にどのように抵抗しえるのか、それを問うてきた。教育行政当局は、東京都教育委員会が作成した「入学式・卒業式の適正な実施にかかわるQ&A」に見られるような問答集にそって校長、教頭が対処すべき言動をこと細かに指示している。昨年一二月には横浜市教育委員会は「日の丸・君が代」に反対する教職員の言動をチェックする「対応シート」を作成し、学校の教職員にとどまらず一般市民の言動にまでおよぶ人権侵害にかかわる対応を記載している。これらは行政当局の違法、不当な公権力の行使といわざるを得ないものである。教育委員会による徹底通知を含めて、こうした一連のやり方は、法制化を境に堰を切ったように始まった。八五年の「徹底通知」、八九年の「義務化」の際に較べても、その強制のやり方は一段と高圧的かつ傍若無人とでも形容せざるを得ないものになっている。

このような強制にあたって、教育委員会がその手段としているのは学習指導要領、職務命令、処分である。国旗・国歌の指導は学習指導要領に基づいており、それが法的根拠だという。「国旗・国歌を指導するものとする」ことを認め、文部省とパートナーになった日教組にとり学習指導要領の法的拘束力をめぐる論議はすでに過去のものとされている。はたして過去のものだと言えるのか。この点については周知のことに属するが、ここで確認しておこう。「学習指導要領は法規としての性質を有する」とした最高裁判例（伝習館裁判、九〇年一月一八日）はある。しかしそのことと「要領」に法的拘束力があるかないかの問題とは別のことである。この問題は、勤評反対闘争、学力テスト問題および教科書検定をめぐる教育裁判のなかで争われ、一九七〇年の教科書裁判一審・杉本判決における大綱的基準説として示された。それを踏まえた七六年の学力テスト旭川事件最高裁判決は法的拘束力のある部分と拘束力のおよばない部分を区別し、その後の判例となった。この経緯の中で一九七〇年、伝習館高校の三教員懲戒免職処分において、学習指導要領が教員の教育活動に対する直接の処分規範とされた。「指導要領逸脱」がその処分理由であった。伝習館裁判では大綱的基準説の批判が目指されたが、一審判決は七六年最高裁判決を踏襲した上で、「法的拘束力のある条項と指導助言文書たる条項」とを区別し、「各教科・科目に掲げられた目標・内容には、その法的拘束力は及ばない」と指摘した。この強行的規定と訓示的規定の区別論は、拘束力の有無に関わる論議の成り立つ土俵をかろうじて残すものであった。八九年の「要領」改定における国旗・国歌指導の「義務化」は、この土俵そのものを取り払おうとするものだった。しかし「義務化」によって拘束力があるというのは、あくまでも文部省の「行政解釈」にすぎない。上記した翌年九〇年の伝習館裁判最高裁判決は「法規の性質を有する」とすることでこの行政解釈に呼応したと言えるだろう。九〇年代に入ってからの「日の丸・君が代」裁判において、これらの積み重ねられてきた「公権解釈」にどのように対抗するかが課題となった。その後一九九四年、自社さきがけ連立政権による行政解釈の公認および日教組の是認は、「要領」のいわば「政治的解釈」というべきものである。以上のように見れば、「要領」の法的根拠なるものは、行政的、政治的解釈にすぎない。「国旗・国歌法」以降の強制が処分行政によって強化されていけばいくほど、とりあえず大綱的基準説による「区分論」があらためて拘束力を批判していく上でその意義を増してくるのは当然だろう。国旗・国歌の指導の義務づけは「拘束力の及ばない」事項への強制であるからだ。この意味で、「要領」論は過去形なのではない。それは「日の丸・君が代」を国旗・国歌とする法制化によって、あらためて国旗・国歌指導論としての「要領」論として問われている。学習指導要領は学習「強制」要領なのではない。

法制化後の一〇月一九日、都教委は教職員、生徒に対してのみならず、保護者に対しても「学校は国旗掲揚及び国歌斉唱の指導を学習指導要領に基づき行う必要があることなどを、時機をとらえて説明すること」を校長に指導通達している。告示にすぎないとあえて言うが、そうした「要領」による強制を広げようしている。学習指導要領は強制の法的根拠として自明なのではない。

「要領」とならび職務命令が強制の方法とされてきている。たとえば都教委の「Q&A」は「職務命令を発するときの方法や配慮事項は何か」として次のように記している。「校長として、説得するのが限界であると判断した場合の最後の手段として職務命令を発するべきである。職務命令を発する場合には、校長の考えが明確に相手に伝わるように、命令の内容を文章にし、相手に直接手渡すことが原則である。その際、職務命令が発せられたことを証言する第三者として教頭や事務長を同席させる。職務命令を発令したにもかかわらず教職員がその命令に従わない場合には、当然処罰の対象となる。そのため、職務を命じられた教職員がその命令を行ったどうかを現認する必要がある。通常、現認は教頭か事務長が行うが、職務命令を行った教職員の数が多く一〜二名での現認体制が組めない場合には、教育委員会の支援を求めること」。

ここに見られるのは監視と支配の思想だというべきだろう。いま学校は「日の丸・君が代」強制を通して職務命令体制化されつつある。それは学校を教職員、児童・生徒を服従させる支配装置化するものだ。全国の大半の学校が掲揚・斉唱の実施率が一〇〇%となっているという事態は、こうした「職命体制」を顕在化させることなくそうした支配装置化を日常化して、その現実を受容している意識が特別のことでなくなっていることを意味する。実施される儀式空間に同調させられざるを得ないとしても、個人個人にとってみれば、けっしてそれを認めているわけではないのだというのも一方の事実だ。しかし個人がどのような思想・良心を持っていようが、「実施」という事実によって、学校が総体として支配装置化されていることが国家にとって重要なのだ。学校という制度はもともと公教育として支配機能を有しているのだから、そのようなことはあらためて指摘するまでもないのではないか、ということかもしれない。

問題はいま実体化されようとしている「職命体制」が職員会議の補助機関化、校長権限の強化、「学校運営連絡協議会」、さらには学校評議員制の制度化に加え、都教委が四月から導入する「教育職員の人事考課制度」とセットとなって進められようとしている点にある。これらは「日の丸・君が代」強制を図るものに相違ないが、同時に「支配としての指導助言体制」を再編していく新たな教育体制への展開という観点からとらえることが必要であろう。「人事考課制度」は教員の自己申告と管理職による業績評価、教育長による相対評価を通して、隙間のない、いわば「一望監視的」管理体制の確立を目指すものだろう。こうした息の詰まるような教職員総背番号制とでも形容しうる学校管理体制の下で行われる個人の尊重、自発性、創造性、体験重視、問題解決型の「総合的学習」などを掲げて進められる学校改革とは一体どのようなものなのか。こうしたことは「日の丸・君が代」強制が国民統合とナショナリズムの問題であるばかりでなく、学校と地域と行政の新たな共同管理体制確立の重要な一環を成していることを示すものだろう。

職務命令は指導助言と対にされてきた。そして「指導助言による支配」にこそ戦後公教育体制の特徴があるとされてきた以上、いま「職命体制」の強化をどのように見るのか、こうした教育体制の転換であるのか、再編であるのか、いずれにせよ、〈同意と強制〉という観点からそうした問題が問われてよいだろう。

以上のような事態は、法制化によって引き起こされてきたのであるが、内心の自由をめぐって問われてきたひとつに触れておきたい。「内心の自由は、内部にとどまる場合は、絶対的に保障されなければならないが、外部的行為としてある場合は、一定の合理的制約を受けることになる。これは憲法解釈の通説である」（一九九九年一二月三日、文部省当局者の「見解」）。このような見方は法案審議過程でも文相答弁で言及していたものである。こうした強制の正当化の論法、自由の制限に抗して良心の自由をどのように考えるのか、それが問われてきた。

この点について京都「君が代」訴訟にふれて指摘しておきたい。「表現の自由（憲法二一条）は、内心の思想・良心を外部に発表する自由である。思想及び良心の自由と不可分な関係にあることはいうまでもない。表現するということは外部に向かっての行為であるから、内心にとどまる思想・良心とちがって社会的行為となる。その結果、表現の自由という権利保障には一般論として、法律上制約が伴うことは避けがたいといわれてきた」（『資料「君が代」訴訟』緑風出版、二一七頁）。この点は着席や不起立を権利保障の観点からさらに積極的にどのように主張していくか、そこにかかわるものである。「外部行為制約論」によれば、着席・不起立は制約される行為だとされてしまう。良心の自由と表現の自由との関係をどのように考えるか。表現の自由は、内心を表現する自由である。他方でそれは、内心の表明となる表現行為を強制されない自由を含むものであり、内心の自由はこの「表現を強制されない自由」という表現の自由としてとらえかえされるのでなければ、権利の保障としては不十分である。

「沈黙の自由」が「自己の思想・良心を強制的に表現させられない自由」として思想・良心の自由に含まれるとされてきたのは以上の理由からである。したがって「内心にとどまるかぎり自由は保障されるが、外部的行為となると制約がある」とする理屈は、外部行為は内心の表現行為であり、また内心を表明しない、表現行為を強制されないことは内心の自由の不可欠な公正部分なのであり、その点からすれば「制約」を正当化できるものではない。京都「君が代」訴訟ではこうした主張を「消極的表現の自由」「内心の状態を推知されない権利」「沈黙の自由」として展開した（前書「西原博史鑑定書」）。しかし学校儀式における「日の丸・君が代」の強制は「消極的表現の自由」の権利行使を強制されるというところに問題がある。

不起立・着席、歌わない・沈黙は「日の丸」への起立敬礼、「君が代」の斉唱という、児童生徒がそれを事実上拒否しがたいような「囚われの聴衆」の身に置き強制することへの、いわば「沈黙の自由」の行使なのであり、教育指導上の必要によって左右されるものではない。さらにいうならば、こうした〈沈黙〉そのものが強いられるような状況、儀式そのものを問うことがいっそう重要であると思う。

（二〇〇〇年）

# 公教育と人権論の方位
## 共生、公共性、そして自由をめぐって

### はじめに

公教育と人権をめぐって、広く深い問題が提起されている。公教育と自由ということがそのひとつである。その背景には、いくつもの事柄が重層的に折り重なっている。

たとえばここ一〇数年以来、臨教審に始まる教育改革が続いている。この間にソビエト連邦の解体と社会主義世界体制の崩壊、そして冷戦体制の終結という世界史的変動があった。それに連動した日本国内における自社連立政権による「五五年体制」の終焉、加えてパートナーとしての日教組・文部省関係の成立という事態が生じた。それは当初から「与野党関係の再構築」という政治戦略として位置づけされた臨教審の国家的課題の実現とその帰結を表すものであった。戦後教育体制はこのような状況の中で、その現実と原理において根本から問われざるをえないものとなった。戦後公教育の枠組みである憲法・教育基本法の諸原則とそれらによる教育

体制が検証に付され、その歴史的評価と今日的な意味が問題にされるのもそこに根拠がある。しかしこの点をめぐって核心に触れるような論議が行われてきたとは言いがたい。このようなわけで、ここでは公教育と人権をめぐる問題の現在にふれ、私たちにとっての課題は何か、それを公教育における自由、公共性と自由の関係の在りようの問題としてとりあげてみたい。

## 一　教育改革と公教育

『教育改革――共生時代の学校づくり』（藤田英典、岩波新書、一九九六年）をはじめ、教育改革論議が盛んである。同書の立場は学校再生論、公立学校擁護論であるが、他方、こうした立場に対しては学校選択論、学校活性化論などが説かれている。後者の自由化・市場論に対して、前者において教育の公共性論、さらには「共産性」論までが提唱されるという状況となっている。とりあえず指摘しておけば、それらの論議のいずれにおいても「障害児」教育をめぐる教育の現実、分離・別学体制にかかわる差別と共生をめぐる問題は論議の基本的枠組みに据えられておらず、そのかぎりで人権をめぐる時代状況への考察としては問題を含んだものとなっている。これは昨今の流行といってよい「共生時代」の教育改革論議の特徴といってよいだろう。

学校論については、私も編著者のひとりとしてまとめた『学校という交差点』（インパクト出版会、一九九四年）がある。そこで〈自由と共生の現在をめぐって〉として、いま何が問題かを論じておいた。それを前提にして、あらためてここでは教育改革にともなう公教育と人権をめぐって生起している問題状況にふれておきたい。

戦後の教育改革の起点となった教育基本法の制定からすでに半世紀が過ぎた。その基盤となった憲法は教育を受ける権利を基本的人権のひとつとして規定し、現在に至る公教育体制の枠組みをつくった。この教育基本法とそれに基づいて成立し展開されてきた教育体制をどのように評価するか、どのように考えるか、それが問題とされてきた。とくに八〇年代半ばから続いてきた教育改革は、それ以前に比して戦後教育体制の枠組みを根本から揺るがすような現実の進展と改革原理の提唱によって、いっそう本質にかかわる問題をはらみつつ進行中である。

それに先立つ養護学校教育の義務制度化からもすでに二〇年が経過しようとしている。同時代にあって、それがどのような意味をもってきたか、私たちはよく知っている。かつて指摘したようにこの「義務化」は、第一に戦後特殊教育の別学制度としての法制上の完成であった。第二には「明治学制」以来の義務教育体制の完成であった。第三に戦後教育の完成を意味した。その「義務化」によってひとつの教育システムが「完成」したという事実とその認識は、とりわけその後の国家の教育政策の展開を可能とする与件となったという点できわめて重要な意味があった。いいかえれば、教育法制上の就学保障義務の「不備」と国家責任の「不履行」は戦後教育制度に刺さったいわばトゲであり、「義務化」はこのトゲを抜くことなのであった。こうして制度化された新たな「別学体制」は、「義務化」に反対する運動を通して公教育と学校を問う新たな状況に私たちを導くことになった。この「問い」は「分けないでいっしょに」

「共に生きる」というメッセージをそなえて、つぎの教育改革の時代に直面させられたのであった。

「戦後教育の総決算」および「生涯学習体系への移行」をスローガンとする臨教審（教育臨調）の展開、それに伴う「教育の自由化」「規制緩和」「市場競争原理の導入」などがその「問い」をふるいに掛け、ためしたといってよい。つまり近代社会がつくり出した公教育の基本に触れるようなものとしての「問い」――「発達」とは何か――は、公教育の枠組みの基本に関わる教育現実、たとえば学校に行けない、行かない不登校の子どもたちの存在などが提起する公教育の本質にかかわるような新たな問題に出会い、教育改革論議の中に据え直されたのである。その問いはたとえば、〈学校への自由〉と〈学校からの自由〉という学校に対して異なる方位をもつ問題世界の中におかれたのである。

こうした事態にあって、憲法・教育基本法に基づく過去半世紀の教育体制をどのように評価するか、それが問題となったのはいうまでもない。七〇年代以降の公教育現実は、公教育の存在理由そのものにおいて問われることになったといってよい。というよりは、戦後公教育の基本構図の原型といえる二世紀にわたる近代公教育の思想と歴史に照らして、私たちにとっての「問い」が検証、吟味されることになったのである。一八世紀末に提唱された公教育は二〇世紀末の今日、その存在理由そのものにおいて問われている。

## 二　戦後公教育と教育基本法体制

教育基本法を普遍的価値として理念化することが何故に流布されたのか。それは「五五年体制」による戦後民主化に対する反動とされた「逆コース」の開始があり、そのような事態に対抗する民主教育運動論の拠り所として憲法・教基法が求められ、その結果、「絶対視・神聖不可侵視」的なとらえ方が生じることになったといわれる。ここから「理念」としての教基法を擁護し、教育現実をその理念からの逸脱と見る戦後日本に特有なものの見方、「図式」が生まれたのである。これは理念から現実を認識するという観念論的な見方であった。

いうまでもなく問題の所在は、教基法は資本制社会に基盤をもつ近代的な教育法体系であって、絶対視されるような普遍的性格においてではなく歴史的に認識されねばならないという点にあった。普遍的理念と見る立場において、公教育は「私事の組織化されたもの」――家庭での子育てという「わたくしごと」が組織されたものであり、「親義務の共同化されたもの」――わが子への教育義務を持つ親たちの共同の仕事であるとするとらえ方が強調された。ここには公教育が公権力・国家によって組織されているというもう一つの重要な側面と事実が見落とされていた。

こうして教育基本法体制は近代公教育体制という歴史的性格において把握するという見方が対置されたのである。つまり近代公教育とは「私事」としての教育秩序を〈国家〉が保障し組織する教育体制である。それは教育を権利として保障し、その保障を通して教育における国家的支配を実現する。つまり「保障」を通して「支配」を行い、「支配」の実現のために「保障」を行うという構造をもつ教育体制のことである。戦後公教育体制はこうした構造的矛盾において編成され、私事としての教育秩序に起因する社会的矛盾、諸利害の対立・葛藤およびそれらと政治的支配――子どもたちを「国民」として教育し「人材」として養成するという国家的必要との拮抗が渦巻く現実そのものとして展開されてきた。戦後の教育現実を型どったナショナリズムと社会に蓄積されたエゴイズムは教基法と無縁ではなく、その所産だったとみなされてきた。

つまりこの現実を特徴づけたものは、教育の機会均等による制度的保障の進展であり、またこの過程をうながした大衆的な進学要求の高まりであって、このいわば「在学期間延長志向」はかつてない量的規模における教育普及をもたらしつづけ、大学の大衆化状況へとたどりついた。学歴主義、高学歴社会、知能神話、偏差値志向、学校信仰、学校化社会に付着した学校過剰、教育への期待過剰ともいうべき社会意識が戦後社会内部に醸成され堆積されつづけた。憲法・教基法が備えた福祉国家的教育構想のもとでの行政保障の拡大とそれに呼応する反差別・解放運動からの「学力保障」にまで帰結した教育保障要求運動の双方が相まって、「教育普及」の過程を増幅させつづけたのである。

その結果、公教育の「責務」は機会均等と平等を実現するものだとする社会観念が教育過剰意識をくるみこんで社会の支配的意識として成立したのである。これは親や子どもたち以上に、教師たち、その団体である教職員組合の運動、労働運動を主導する意識でもあった。学校とそこで提供される教育はこうした「責務」を果たす場所であり手段とみなされる。学校がそのように機能せず、役割が十分に果たされていないのであれば、「学校づくり」や学校の再生が必要なのだとされ、実際、学校づくり論が提唱されてきたのである。

こうした学校再生論は、いじめ、校内暴力、指導困難、学級崩壊あるいは不登校にともなう「学校荒廃」現象が広まってきた状況の中で、教育危機、学校危機に対応する防衛的論調として力を増してきた。子どもや親の側に選択の幅や自主性を与えて学校を活性化しようとする立場もその流れの中にある。

教育の現実をめぐるこのような事態は、学校と公教育をめぐる教育基本法への評価を左右してきた。教育の普及、公立学校による教育保障の進展は、学校危機的状況を伴いながらも、かつてないほどの強固な社会的基盤に学校を据えるものとなっており、その点で教育基本法は学校の普及・安定化に役割を果たしてきたというのが上述の立場に関わる判断である。果たしてそうか。とりあえず指摘すれば、そうした「安定化」もじつは公教育における支配機能によって支えられてきたという点への理解が必要である。

他方、公教育における教育普及の過程は、じつは差別からの解放というよりは、むしろ機会均等の制度化によって差別構造を補強し秩序化する過程でもあった。それはたとえば「障害児」

教育にかかわる分離・別学が普通学校中心の能力主義による教育普及の条件となり、このような体制を支える社会意識を再生産してきたところにみられる。この過程の進行を支えたのは学校を市民社会的空間から切断し、いわゆる部分社会として学校を囲い込み、自由を規制するあり方であった。これは行政的管理主義と専門職的管理主義に基づくものであり、後者は子どもや親に対する教師の「専門家支配」に起因している。

こうした事態に向き合い、公教育のもうひとつの原理、自由の問題が対抗的に提起されざるをえないものとなったのである。というのは、その差別からの解放という方向に当然含まれていてよい自由の問題がしかるべき重要性において取り上げられずにこなかった以上、いまそれを問題にしなければならないからである。それはいうまでもなく、学校からの自由をふくめて、権力と自由、さらには学校の中での自由という〈公教育と自由〉にかかわる問題なのであった。ここに学校再生論に欠けているもうひとつの問題点、すなわち公共性と自由との関係世界をめぐる問題がある。

## 三　公教育の思想と現在

よく知られているように、公教育という考え方はもともと一八世紀末のフランス革命によって示されたものである。革命議会に提出されたコンドルセの教育計画は「環境がゆるす限り、一方では教育を平等かつ普遍的ならしめ、他方では完全なものとすることでなければならぬと考えたから、すべての人々に及ぼすことができるような教育をすべての人々に等しく授与しなければならぬと考えた」(『革命議会における教育計画』岩波文庫、以下同じ)という趣旨に出るものであった。公権力による教育を受ける権利の保障という思想は、元来、「革命の目的は自由の創設である」というかぎりで教育の自由、思想の自由の実現とどのように両立しうるかという難問を当初から抱えこんでいた。というのも公権力は思想の自由を損ない、教育の独立を侵害するものとみなされてきたからである。

それゆえ「およそ教育の第一条件は真理のみを教授することにあるから、政府によって設置せられる教育機関はすべての政治的権威からできるだけ独立していなければならぬ」と主張されたのである。しかし公教育が教育を普及し平等に寄与するとしても、公教育を自由の精神と思想のもとに置くことは困難な課題とみなされた。この点について、教育が平等に普及される時には「すべての公教育施設が無用となるような時代が到来するであろう」「けれどもかかる時期の到来はなお前途遼遠である。われわれの目的とするところは、この時期を準備し、その時期に近づくということでなければならぬ。しかしてわれわれは、これらの新しい施設を設定するよう努力し、もってこれらの施設が無用となるような幸福な時期が、一日も早く到来することに、絶えず専念しなければならなかったのである」とされた。ここには公教育の制度化とそれを無用にするということがいずれも平等を与件とする自由の創設をめざすところにあるとする了解があった。

この意味で通念と異なり、公教育の思想は公教育を無用とする思想といってよいものである。こうした思想の登場から今日の二〇世紀末までの二世紀にわたる公教育をめぐる歴史現実は、予見されたように、人権としての教育権保障、機会均等、就学義務制による教育の普及をもたらし、教育上の不平等からの解放につながる面をふくむものであった。しかし、学校をめぐる自由の領域の創出は公権力にとって望むものではなかった。コンドルセに従えば、この歴史的時間は公教育が「無用となるような時期の到来」を準備する時間とともに経過して行く時間ということになる。「『革命的』という言葉は自由を目的とする革命にのみ使うことができる」と彼に言わしめたように、公教育の主題もまた抑圧、貧困、不平等からの解放とともに自由の実現にも向けられていたのである。

「解放は自由の条件ではあるが、決して自動的に自由をもたらすものではない」とし、『革命について』（一九六三年）において通説への批判を加えたハンナ・アレントは、解放の中に含まれている自由という観念は、どう考えてもネガティヴの域をでないし、解放の意図ですら自由の欲求と同じものではないとした。一方でアレントは、革命は自由の創設を目的とするという観点から、創設されるべき統治形態としての自由の構想を公的自由（ポジティヴ・リバティ）に沿って展開し、結果としてこの構想の実現が困難に出会ったとした。そればかりか、福祉国家と社会主義国家において、私たちが経験したのはいずれにおいても市民的自由の実現と享受をめぐる困難でもあった。この指摘は、二〇世紀を通して解放と平等を掲げて行われた革命と創出された体制が社会編成のあり方としての自由の実現に向かわずに、一九九〇年代に崩壊した世界史的事実において証明されるものとなったのである。

今日、公教育と人権論において、論議の重心に〈自由〉が据えられる必要があるのは、自由化や市場競争原理、規制緩和への呼応においてのみでなく、なによりもこうした二世紀にわたる平等と自由との関係への新たな構想、公教育の思想と歴史の文脈において受けとめる必要があるからだ。こうした観点で人権論が問題にされなくてはならないだろう。

## 四　人権論の方位をめぐって

公教育と自由という問題は人権論にとってどのような問題としてあるのか。

もともと、公教育体制においては自由の原理はなによりも次のような諸点で「体制」の原理ではなかったのか、そう指摘されるだろう。すなわち、第一に、それは親権としての親の私的に教育する権利と義務、私事としての教育の自由に基礎をおいていること、ここから私立学校を設置・経営し、教育を行う自由、私立学校の教育を選択する自由も保障されてきた。第二に、教育目的として個人の尊厳が明示され、国家目的に対して諸個人に帰属する目的、権利、自由をめぐる領域の確認がなされてきた。こうした私事としての教育の体制は、子どもの家庭の経済的資産能力、階層階級による格差および家庭の文化資本の質に起因する教育上の差別・不平等を再生産し、公教育はそれを前提として機能してきた。学力を個人が修得していく私的側面

（不平等）は学校で学力を平等に保障していくという公的側面（形式主義的平等）を規制、補完しあい、その内実における差別を生み出す基盤として機能してきた。

このような観点に立てば、公教育における自由という問題は、現実の公教育の体制的原理にほかならない。それゆえ公教育における人権保障の方向は、不平等と差別を生む現実に対して平等および配分的正義の原則、さらに公的保障という公共的原理を対置することにあった。公共性の内実が問われることになったのは以上のような文脈においてである。共生、解放あるいは共同性の探究が課題として自覚されてくる。そうした事情が人権論を左右せしめてきた。公教育における自由の原理は、「公的保障」原理と共通の磁場において、支配的な機能作動させて「共生」論を限定づけてきたのである。そうした事実にそう認識と自覚が要求されてきた。

公教育における自由化、市場競争原理、規制緩和が国家的政策課題となって以来、自由の原理が公教育のオモテの原理として登場し、公教育の「公的規制部分」の自由化、資本主義化、新たな格差と差別の構造化がすすめられることになった。この結果、競争原理による適者生存、公教育の「安定性」の喪失、学校の公共性の後退などを理由として、自由は「自由化」の問題だとみなされ、それを論議の対象からはずすような「公立学校」再生論的論調が生じてきたのである。

すでに指摘したように、公教育における自由という問題は、公教育における支配と権力に対抗する内部に自由の圏域を創出するという方法を超えうる今日的課題として提起されている。

それは市場競争原理による教育の公的枠組みの流動化を受容しつつ、それを公教育空間の内部における精神的自由の持続的な行使によって公共性と自由との新たな関係世界へと方向づけうるような試みとしても追究されることが必要ではないか。平等、公共性の維持には公的権力と公的システム、その担い手である官僚制権力あるいは専門性権力がともなうものとなっている。そこに働く権力作用とその構造は自由とせめぎあう場なのであり、そのかぎりで私たちはそうした平等の原理が帯びている配分的権力に潜む全体主義への誘惑から身を離すことが必要であろう。自由はまずはそのための視座を提供するものである。

こうしてみると公教育における別学・分離体制を批判し、普通学校、普通教育における「分けないでいっしょに」「共に生きる」あり方を人権の確立として問う立場は、公教育の現実における自由の侵害に対して「学校からの自由」を問う立場を人権論として組み込むことを通じて新たな関係世界を切り拓く可能性をもたらすのではないか。

共生論においてもうひとつはっきりしなかったのは、それが近代的な平等論、正義論を越えて差別と解放の新たな関係世界の創造を求めることに加えて、自由の問題とどのように渡り合えるのかという点であったと思う。

この問題を、ここでは公教育をめぐる問題状況の文脈と公教育思想の歴史的射程を視野に据えてスケッチしてみた。このような問題意識はさまざまなこの同時代における自由の構想において追究されている。「自由とは、自由な関係を創造する営みとともにある、という思想的立場」に立つものの位置は、私たちに問われている人権論の刷新にふれあうのかもしれない。

（一九九八年五月）

# 価値多元的社会の教育構想たりうるか

## 『リベラリズムの教育哲学　多様性と選択』（宮寺晃夫著）を読む

1

本書において繰り返し現れるのは、読むものに投げかけられる〈解き明かしがたい問い〉である。個人と全体、私的選択と公共選択、自由と平等などの相関において立ち現れる〈消去できない全体〉、〈放棄してしまえない公的な積極的な介入〉の問題である。この問題をめぐって著者は自問自答し続けている。もとより、これは教育の領域に固有なものなのではない。この時代に汎通的な難問に相違ないのだ。著者は、このアポリアにリベラリズムをもって対峙しようとしている。本書において、幾度となくリベラリズムとは何か、それに言及されている。たとえば、「リベラリズムは、すべての人の立場を相対化してしまう現代社会にあって、《多様性》自体を価値として祀りあげてしまう安易な処世法とも異なり、《多様性》をそのなかに納める《枠組み》の構築を求めつづけていく思想（イデア）である」（二九八頁）とされる。こうした見方は、制度構成的というより個人の生き方の作法としてのリベラルな思想、それを身につけたリベラリストといったニュアンスで了解してきたものにとって、いささかのとまどいをあたえるものだ。しかし、著者にとって、そうしたことはすでに十分に計算済みのことであり、それは本書の位置づけ方にも看取できる。

「リベラリズムという半ば手垢の付いた思想に、多様な現代思想を捌いていく《転轍手》の役割を負わせるのは酷なことかもしれない。しかし、海図なき航海の行方を導く星として、なおリベラリズムに近代、現代を貫く思想の源泉を本書では求めてきた」（あとがき）と著者は記している。現代社会における「思想のファッション化」を促してきた思想の相対化と脱主体化のなかで、「敢えて役に立つ思想を求めてそれをリベラリズムの教育哲学に即して例証しようとすること」が「本書の目論見」であると、著者の意図は明確である。本書におけるこのような試みは、前著『現代イギリス教育哲学の展開』における理念的意味を込めた「多元的社会への教育」に対して、現実化した「多元的社会の教育」との対決を自覚的に主題化することによって示されている。それは、リベラリズムの教育哲学の思想と理論を踏まえて、その立場から実際の教育改革の課題を論じるという本書の構成それ自体にもあらわされている。副題の「多様性と選択」は、個人の意思に解体されてきている多元化社会の実体のもとで、個人の自由にゆだねることではすまない〈全体〉のありよう（模様）をどう描くことができるのか、という問いの方位を示して、その周到な展開を導いている。

公刊後まもなく届けられた本書を通読した際、私的批評をまとめて著者に伝えている。その折りに、もっとも気になった点のひとつは、教育目的の正当化を、合理的《正当化》として追求するリベラリズムに対して向けられる「共同体隠し」の非難に、明快に応答しきれていないのではないのか、という疑問であった。この点は教育思想史学会における教育目的論議においても、問題の所在は開示されていないという印象が残ったままである。しかし、著者のこのような企てが、公共的な手続きにおいて相対化（対象化）されるならば、「共同体隠し」をめぐる問題の核心がもっと視えてくるに違いない。もとより、この問題に限られることなく、著者の論議の対象は多岐にわたっている。大学院ゼミのテキストにしたのも、少しでも〈公共的広場〉での検証に付してみたい、そのような考えに出るものであった。以下の論評は、こうした意図を含んでいる。

## 2

ここでまず本書の構成を提示しておこう。

はしがき　社会改革としての教育改革
第I部　社会と教育
　第一章　現代教育とリベラリズム教育哲学
　第二章　多元的社会と寛容社会

第一章において、リベラリズムの教育哲学の基本構想が論じられている。著者にとって、「リベラリズムとは、個人による意思決定の自由を尊重するとともに、その自由が人びとのあいだで平等に共有されることを望ましいとする社会的立場である」。すなわち、「ひとことで表現すれば、《自由》を《平等》に配分していこうとする方向性に、上向きのベクトルを架設していくのがリベラリズムの立場である。」（六頁）としている。この見方は、政治あるいは哲学の分野において、それ自体両義性を含む概念であることが念頭におかれている。ここには、「これからの社会のあり方をめぐるあらゆる議論がそのなかでなされる外ないようなパラダイムを構成している」のがリベラリズムだとする確信的な諒解がある。この点についてはすぐさま、果たしてそうか、という切り返しに出会うだろう。以上のことは、「リベラリズムが自由とともに平等の契機からも成り立っている含蓄」への著者のこだわりに出るものであり、それは本書を貫く立場性を際立てている。このようなリベラリズムに対する態度と志向こそ、本書の基調を形づくっているように思われる。あえていうならば、自由と平等という概念自体がその自明性を問われてきたはずだ。たとえば、著者も言及しているが、アマルティア・センにとって、平等は不平等の再検討として問われたようにである。自由について言えば、それを内面的自由の領域というより、社会の関係的自由として問題化しようとしているようにである。

以上を踏まえた上で、著者は二つのアポリアに言及している。ひとつは「リベラルな教育のアポリア」である。すなわち、「仮に教育を受ける側に自由な意思を完璧にみとめていくならば、教育をしていく必要性も可能性も正当化できなくなるであろう、というアポリアである」（一〇頁）としている。これは教育する・される関係において近代教育を問いつづけてきたあらゆる試みに相渉っており、当然、予期されるのは、そこへの論究である。しかし、この問題は自由と平等の二重の契機でリベラリズムを受け取っていくことで、現実味のある問題でなくなっているとして、著者は教育する側と教育を受ける側における「自由の実質化」の問題、すなわち、平等、教育の配分の問題として据え直すのである。こうして論議は、この延長線上に「全体的な立場」の問題へと展開していく。教育についての公平で公正な配分のための積極的な介入を放棄して失われるものを回避するのであれば、何らかの「全体的な立場」を想定せざるを得ないという問題である。もうひとつのアポリアはここに関わっている。リベラリズムにとって「全体的な立場から教育のあり方を描く」ことと個人の自由意思とのかね合いをどうするか、それはアポリアに違いない。著者はこうした「現実のアポリアを取り除いていく」ためのリベラリズムの立場の有効性を引き受けるのだと自覚的である。後述する卓越主義的リベラリズムがその立場にほかならない。しかしなお、明示的でないにせよ、著者が呼び込もうとしているかに見える〈消去できない全体〉あるいは〈公共性〉とは何であるのか、そうした根源にかかわる問いが投げかけられ、それが本書の論議全体に及んでいくのである。

ところで「卓越主義的リベラリズム（perfectionistic liberalism）」とは何か。著者は、それをジョセフ・ラズの「寛容の基礎論」に求めている。要するに、それは他者の自律性を尊重しつつ、「その自律性を実質化していくための具体的な手立て——教育はその手立ての一つ——を積極的に講じていく」（第二章、四五頁）ことだとする。こうした見方は、ジョン・ロールズやロナルド・ドゥウォーキンらの立場を越えるものとされる。価値多元化された寛容社会への展望を拓く民主主義の基調こそ、この卓越主義リベラリズムなのだ。こう著者は説く。もちろん、これに対して、そこにおいて〈全体なるもの〉はどうなのか、次いで、自律性をそなえた個人こそ近代に特有な個人観ではなかったのか、という問いが提示されるだろう。すくなくとも、自律的人格概念に対して、対話的人格概念を提示してきたチャールズ・テイラーや合理性を越えようとするところに主体としての自発性を見いだそうとするセンの試みに響きあう必要があるのではないか。自律は依存からの離脱であるとともに他者との依存をめぐる絶えざる関係の再定立にほかならないと考えるからだ。もとより、著者にとっては、こうした問いは折り込み済みであり、事実、「相対主義」と類義語でしかなかった「多元主義」に対するラズの意味づけを通して、卓越主義の核心である〈公的支援の可能性〉にかけているのだ（第四章）。それは他者の信念形成に対する介入をもたらすという理由によって批判されるのではなく、個人の自律性は自己完結的にではなく《文化の共有》を通して育成されうるという点において認められるのだ。「政府、そして一般に他者は人々の向上を助けることができる。しかし、その支援は、自律的な生をつくりだすためのさまざまな条件を調えていくことを通してのみなされる」（一一九頁）というラズが説くところに著者は仮託しているように思われる。ラズの卓越主義的リベラリズムをこのように括るのは、著者にとって納得できないかもしれない。評者にとっても自律性や自由への新たな意味の共有を目指すのでなく、〈全体〉への疑念にこだわるのは本意ではない。しかし、そこに本書が提起しようとしている要諦があるかぎり、支援の主体としてある。

「政府」が想定されることに、著者の立ち入った論究があってよいのではないか、との思いがある。

こうした点を別にすれば、わたしたちの〈公共的広場〉からは、「現実の社会的な矛盾・葛藤・対立の存在を、懐疑主義・相対主義といった消極的な態度よって自身の中であいまいにしてしまうのではなく、リベラリストとしての積極的なスタンスに基づいて問題の渦中に踏み込むことが必要であるという意志・覚悟には、共感を覚える」という若き世代の〈声〉を届けておきたい。これは著者のメッセージがもつ〈力〉に由来している。

## 3

前記したように、本書において終始、気になったのは「教育目的論」（第三章）である。「あらためて問われるのは、教育目的をめぐる価値観の対立をどのようにして調整し、だれもが従う共通の統一的教育目的をどのように立てていくのかということ、とりわけて合理的な正当化論をどのように整備していくかということである。そうした正当化論の不備がわたしたちの意識に『教育目的の喪失』として映ってきたのである。この意味で、現代において教育目的論の可能性は正当化論の整備如何に懸かっている」（六三頁）という。

「個別の教育目的意識」から「共通の統一的教育目的」への架橋、というようなことがリベラリズムの教育哲学の課題であるという主張に戸惑いを覚えるのは評者だけであろうか。ここには「過剰」なほどの教育目的の「共通な統一」への希求がある。「アポリアとしての目的論」ということは教育における〈近代〉の難問にほかならない。問題は、教育される側にとって、自分の関知せざるところで設定されている〈目的〉に導かれていることへの不信、疑念であり、それこそ、今日的な教育批判の基底に存する根源的な問いではなかったのか。また教育関係の双方における自由な意思、個人の自律性をめぐる緊張と振幅こそ、〈教育〉を問う磁場を形成するものではなかったのか、と思う。もとより、これらは目的論の外にあり、ましてや正当化論からも逸脱しているのかもしれない。

ところで著者は、正当化論の論脈をまとめたうえで「多様な価値観を包摂する全体の『枠組み』、しかもそれ自体は特定の価値観に依存しない『枠組み』を築くことが必要とされる。そのなかではじめて教育目的の合理的な正当化が可能となる」と論じている。「共同体隠し」の非難はまさにここに向けられている。しかし、ここでも非難に応えることは先送りされている。こうした先延ばしの理由について、わたしたちの公共的広場には、それは「リベラル・デモクラシーが世界で唯一存続可能な社会体制となった」という世界諒解に起因しているのではないか、とする指摘もある。そしてまた著者の描く教育構想はソーシャル・デモクラシーのそれに近似しすぎている、ともいわれる。客観主義へのこころざしを持続することへの親和は、先のような「諒解」をこえるのでなくては意味がないのではないか。そうした葛藤、格闘、闘争を引き受けて、卓越主義的リベラリズムも言葉の真の意味で対象化しうるのではないであろうか。

以上のような文脈に即していうならば、市場主義と競争原理、自由化論に対抗するために、公立学校、教育の公共性を擁護する立場が唱えられてきたことについて、評者はそれに与みするわけにはいかないという立場をとってきた。国家性を帯びた公共性を批判しつつ、同時に競争主義に掬われない〈自由〉の実現を目指すあり方を探求すること、これもアポリアにほかならない。いいかえれば、それはマルクス思想の再審という道筋につながっている。リベラリズムのアポリアが抱える〈自由への自省から公共性へ〉というベクトルに対して、〈公共性への批判から自由へ〉というベクトルが交錯する地点で問われる〈公教育批判〉の共有こそ、教育における〈近代〉を問う今日的課題だと考えるからである。それをすれ違いとしない努力こそ、教育現実に発信するものの責任であろう。それだけに、リベラリズムにおいて、多元的社会の教育における国家と自由の問題がまっすぐに開示されて欲しいと思う。他者の選好を妨げない、干渉しない限りでの自由の問題とともに、個人の自由を妨げる国家なる存在は、なお「全体」なるものの自由の干渉「者」として問われてしかるべきだからである。

以上のような問題こそ、実際の教育現実をめぐって論じられねばならない。本書においては、教育改革の論点とその背景を論じている第Ⅲ部がそれに当たる。その全体にここで触れる余裕はない。著者は学校の〈公共性〉がじつは〈中立性〉の名による多数者の価値観の支配のもとに包摂されているとしたうえで、マイノリティー集団を尊重しうる新たな教育に関わる〈公共圏〉の創出を見通す地点に、〈公共性〉を据え直そうとしているかに見える。学校の選択権が

「親の学校選択権」に加え「親の学校設置権」としてもみとめられてよいという文脈において、非営利の民間団体（ＮＰＯ）などの第三セクター方式による学校設置に言及されている（二七三頁）。ここでこそ、「全体の立場」が問われている。しかし、教育改革を論じながら、思想を現実に架橋する点で抑制的であるという印象はぬぐいえない。

最後に、自覚を促されたこととして教育学教養論をあげておきた。〈ペダゴジー〉から〈アンドラゴジー〉へという視点（九七頁）は、指摘されているとおりだと思う。この点についての本格的な展開を期待したい。求心力を失ってきている教育学の危機にもっと敏感になれという警鐘というべきであろう。

評者は、あまりにも本書の問いを恣意的に切り取ってきたかもしれない。しかし、別な観点からすれば、時代のただ中をリベラリズムを引っさげて、縦横に渉って論陣を張る著者がそなえる現実社会と切り結ぶ〈志向〉の豊かさこそ、こうした読むものへの挑発と刺激をもたらしているのだと思う。

（宮寺晃夫『リベラリズムの教育哲学——多様性と選択』勁草書房、二〇〇一年）

# ［参考］教育基本法

公布　一九四七年三月三十一日　法二十五号　施行　一九四七年三月三十一日

われらは、さきに、日本国憲法を確定し、民主的で文化的な国家を建設して、世界の平和と人類の福祉に貢献しようとする決意を示した。この理想の実現は、根本において教育の力にまつべきものである。われらは、個人の尊厳を重んじ、真理と平和を希求する人間の育成を期するとともに、普遍的にしてしかも個性ゆたかな文化の創造をめざす教育を普及徹底しなければならない。ここに、日本国憲法の精神に則り、教育の目的を明示して、新しい日本の教育の基本を確立するため、この法律を制定する。

第一条（教育の目的）

教育は、人格の完成をめざし、平和的な国家及び社会の形成者として、真理と正義を愛し、個人の価値をたつとび、勤労と責任を重んじ、自主的精神に充ちた心身ともに健康な国民の育成を期して行われなければならない。

第二条（教育の方針）

教育の目的は、あらゆる機会に、あらゆる場所において実現されなければならない。この目的を達成するためには、学問の自由を尊重し、実際生活に即し、自発的精神を養い、自他の敬愛と協力によつて、文化の創造と発展に貢献するように努めなければならない。

第三条（教育の機会均等）

すべて国民は、ひとしく、その能力に応ずる教育を受ける機会を与えられなければならないものであつて、人種、信条、性別、社会的身分、経済的地位又は門地によつて、教育上差別されない。

2　国及び地方公共団体は、能力があるにもかかわらず、経済的理由によつて就学困難な者に対して、奨学の方法を講じなければならない。

第四条（義務教育）

国民は、その保護する子女に、九年の普通教育を受けさせる義務を負う。

2　国又は地方公共団体の設置する学校における義務教育については、授業料は、これを徴収しない。

第五条（男女共学）

男女は、互いに敬重し、協力し合わなければならないものであつて、教育上男女の共学は、認められなければならない。

第六条（学校教育）

法律に定める学校は、公の性質をもつものであつて、国又は地方公共団体の外、法律に定める法人のみが、これを設置することができる。

2　法律に定める学校の教員は、全体の奉仕者であつて、自己の使命を自覚し、その職責の遂行に努めなければならない。このためには、教員の身分は、尊重され、その待遇の適正が、期せられなければならない。

第七条（社会教育）

家庭教育及び勤労の場所その他社会において行われる教育は、国及び地方公共団体によつて奨励されなければならない。

2　国及び地方公共団体は、図書館、博物館、公民館等の施設の設置、学校の施設の利用その他適当な方法によつて教育の目的の実現に努めなければならない。

第八条（政治教育）

良識ある公民たるに必要な政治的教養は、教育上これを尊重しなければならない。

２　法律に定める学校は、特定の政党を支持し、又はこれに反対するための政治教育その他政治的活動をしてはならない。

第九条（宗教教育）

宗教に関する寛容の態度及び宗教の社会生活における地位は、教育上これを尊重しなければならない。

２　国及び地方公共団体が設置する学校は、特定の宗教のための宗教教育その他宗教的活動をしてはならない。

第十条（教育行政）

教育は、不当な支配に服することなく、国民全体に対し直接に責任を負つて行われるべきものである。

２　教育行政は、この自覚のもとに、教育の目的を遂行するに必要な諸条件の整備確立を目標として行われなければならない。

第十一条（補則）

この法律に掲げる諸条項を実施するために必要がある場合には、適当な法令が制定されなければならない。

［主要参考文献］


1　永井憲一・暉峻淑子編著『教育基本法の「見直し」に反論する』かもがわ出版、かもがわブックレット一四四、二〇〇二年一〇月。
2　『変えてはいけない！　教育基本法』唯学書房、二〇〇三年五月。
3　堀尾輝久・浪本勝年・石山久男『今、なぜ変える　教育基本法』大月書店、二〇〇三年五月。
4　教育科学研究会編『いま、なぜ教育基本法の改正か』国土社、二〇〇三年八月。
5　市川昭午著『教育基本法を考える』教育開発研究所、二〇〇三年八月。
6　大内裕和『教育基本法改正論批判　新自由主義・国家主義を越えて』白澤社、二〇〇三年六月。
7　小沢牧子・長谷川孝編著『「心のノート」を読み解く』かもがわ出版、二〇〇三年二月。
8　三宅晶子『「心のノート」を考える』岩波ブックレット、二〇〇三年五月。
9　『現代思想　特集　教育改革』青土社、二〇〇三年四月号。
10　『インパクション一三五号「イラク攻撃と教育基本法改悪」』二〇〇三年。
11　『教育基本法と教育政策』日本教育政策学会年報　第一〇号、八月書館、二〇〇三年。
12　『教育と文化』一三一号、編集・国民教育文化総合研究所、アドバンテージサーバー、二〇〇三年三月。
13　『教育法制の再編と教育法学の将来』日本教育法学会年報、第三〇号、有斐閣二〇〇一年。
14　『「教育改革」と教育基本法制』日本教育法学会年報、第三一号、有斐閣、二〇〇二年。
15　西原博史『学校が「愛国心」を教えるとき』日本評論社、二〇〇三年五月。
16　『ちょっと待ったあ！　教育基本法「改正」』子どもと教科書全国ネットワーク21編、学習の友社、二〇〇三年五月。
17 『「日の丸・君が代」と「内心の自由」』堀尾輝久・右崎正博・山田敬男、新日本出版社、二〇〇〇年。
18 遠藤比呂通『自由とは何か　法律学における自由論の系譜』日本評論社、一九九三年。
19 堀尾輝久『いま、教育基本法を読む』岩波書店、二〇〇二年一二月。
20 横堀正一『日教組再生』柘植書房、一九八八年。
21 シャンタル・ムフ『政治的なるものの再興』千葉眞他訳、日本経済評論社、一九九八年四月。
22 斎藤貴男『機会不平等』文藝春秋社、二〇〇〇年一一月。
23 西原博史『良心の自由』成文堂、一九九五年二月。
24 松下圭一『社会教育の終焉［新版］』公人の友社、二〇〇三年六月。
25 森田寛二『行政改革の違憲性』信山社、二〇〇二年。
26 持田栄一『教育行政学序説――近代公教育批判』持田栄一著作集6・明治図書、一九八〇年。
27 アントニオ・ネグリ、マイケル・ハート『〈帝国〉』水嶋一憲他訳、以文社、二〇〇三年。
28 宗像誠也『教育行政学序説』有斐閣、一九五四年。
29 ハンナ・アレント『革命について』志水速雄訳　ちくま学芸文庫、一九九五年六月。
30 J・S・ミル『自由論』岩波文庫。
31 H・ラスキ『近代国家における自由』岩波文庫。
32 カント『啓蒙とは何か』岩波文庫。
33 『教育基本法改正問題を考える』報告集第1・2・3集、教育学関連一五学会共同公開シンポジウム準備委員会編集、二〇〇三年三月二一日。
34 『教育基本法改正問題関連資料集』第一集〜第三集。同前。

# [初出一覧]

[第Ⅰ部]

・教育基本法「改正」問題とは何か　書き下ろし

・国家による心の支配の時代　『女も男も』二〇〇三年冬号

・教育基本法「改正」反対の立場をどこにおくか　『日の丸・君が代［NO!通信］』二〇〇三年七～八月、(原題「教基法「改正」に反対する理由」)

・グローバル化の中の国家主義　『インパクション』一三五号、二〇〇三年四月、(原題「教育基本法「改正」とグローバル化の中の国家主義」)

[第Ⅱ部]

・はじめに――「教育改革と教育基本法」――どのように読むか　書き下ろし

・「教育改革」の新しい展開と方位　『季刊・運動〈経験〉』一号、二〇〇一年五月、(原題「国家戦略としての「教育改革」の展開」)

・教育基本法と自由の現在をめぐって　日本教育学会第五六回大会、全体シンポジウム・報告、一九九七年

・教育基本法と戦後責任の問題　『教育学研究』第六五巻第四号、一九九七年

・一九八一年の教育基本法論　持田栄一教授追悼論文集編集委員会編『現代公教育変革の課題』一九八一年、(原題「教育基本法論」)

・「戦後教育学」とは何か　教育思想史学会『近代教育フォーラム』Nunber 9. 二〇〇二年、(原題

初出

「［論評］「戦後教育学」とは何か――教育における〈近代〉批判をめぐって」）

［第Ⅲ部］
・はじめに――公教育・制度的実践・自由―主体であること　書き下ろし
・「君が代」訴訟のなかから考える　ユニテ、一九九四年刊、（原題『「自由な人間でありつづけるために」』）
・国旗・国歌法がもたらすもの　『飛礫』第二四号、一九九九年秋（原題「国旗・国歌法と国民統合の構造――公教育の中の象徴天皇制」）
・国旗・国歌法と支配装置としての学校　『インパクション』一一八号　二〇〇〇年
・公教育と人権論の方位　『ノーマライゼーション』一九九八年五月
・価値多元的社会の教育構想たりうるか　教育思想史学会『近代教育フォーラム』二〇〇一年一〇号（原題「価値多元的社会の教育構想――卓越主義的リベラリズムの射程」）

# あとがき

教育基本法が「改正」されることになるのではないか、それが現実味を帯びて語られています。

このような状況のなかで、教育基本法「改正」に反対する立場からの発言が相次いできました。反対論は一様ではありませんが、ある共通な見方、基調がそこにみられます。「改正」は「改悪」である。教育の状況は現在よりさらに悪くなる。その結果、行きつく先は、戦後の民主主義教育の否定であり、国家主義的な教育になるだろう。このような事態に対して、教育基本法の理念や精神をたたえるだけでなく、それらを否定してきた結果である教育現実を批判する武器にして、「改正」させないように反対しよう。こうした捉えかたが反対論のひとつの基調になっています。

戦後の義務教育がスタートした二年目に小学校に入学して「戦後教育」を体験してきた一人として振りかえると、そうした捉えかたに、何か違う、と違和感を感じてきました。どこにずれがあるのか、それが問題です。戦後教育をいかに捉え、教育基本法をどのように評価するか、これらの問題をめぐる認識でも違いを感じてきました。

このような事情から、本書において、教育基本法の「改正」とは何であって、「改正」問題をどのようにとらえるべきなのか、なぜ「改正」に反対するのか、わたしたちはいま、何をなすべきなのか、あえて私見にこだわり、これらの問いに応えようと試みています。

「基調」とは異なるものの見方を意識して、わたしなりの捉えかたを提示しようと努めていますが、常識、通説というものが、いかにわたしたちの目を曇らせるものなのか、あらためて知らされました。

わたしの教育基本法論および「教育基本法『改正』反対論」は本書のなかで論じている通りです。

この一〇数年の時代の進展は、わたしたちの日常感覚においてもはっきりと世界の変容を知らしめるものでありました。「改正」問題もこうした一連の状況の中で生じてきているものです。とくに、学校における管理と抑圧の進展は、ますますひろがりつつあります。グローバル化と一見、矛盾するかのような「精神の戒厳令」という事態が進行しています。

教育基本法制定以後、およそ半世紀を経て現前している、限りもない問題をはらむ教育現実は、じつは教育基本法の諸理念・原則はもとより、その法制的な枠組みを通してもたらされてきたのではないのか、そこに、わたしの問題意識があります。

教育基本法論は戦後日本公教育論として問われねばならない、それが本書の立場の基本にあります。この問う主体こそ現実を変えるものたちでもあります。

この本は、全体をⅢ部構成にして、第Ⅰ部の前半を書き下ろしとしています。そのほかは、機会があってまとめた論考を配しています。このため、若干、記述上、重複箇所がでてくるのが避けられませんでした。それぞれの論考には構成上、論の流れもあり、あえて削除せず、原型を保った。その点をお断わりしておきます。

二〇〇〇年を前後して、世界は大きく変容してきました。グローバリゼーションとローカリゼーション、あるいはナショナリズムの再興をとおして、境界の溶解という現実は、確実に公教育を変貌させ、様相を揺るがし、新たな教育構想へ想像力をかき立てています。

教育基本法「改正」問題とは、まさにこうした時代への洞察と探究を問うものです。同時にそれは、価値観を異にする人びとが、価値多元化された共同社会において共生していくあり方を、わたしたちに求めています。

なお、本書の出版にあたり、それぞれの文章の収録に快諾された方々に感謝いたします。また、今回、本の装幀をしていただいた田中実さんにもお礼を申し上げます。

本書の出版は、わたしの意図を受けとめられ、出版の意義を認められた深田卓さんの決断なしにはありえなかったものです。心から感謝を申し上げる次第です。

二〇〇四年四月二三日

著者

**岡村達雄**（おかむらたつお）
1941年東京生まれ。
現在、関西大学教授。
著書
『教育労働論』明治図書、1976年
『現代公教育論――増補改訂版』社会評論社、1986年
『処分論――「日の丸」「君が代」と公教育』インパクト出版会、1995年
編著
『教育のなかの国家――現代教育行政批判』勁草書房、1983年
『教育の現在　歴史・理論・運動』全三巻、社会評論社、1989年
『日本近代公教育の支配装置――教員処分体制の形成と展開をめぐって』
社会評論社、2002年

教育基本法「改正」とは何か
自由と国家をめぐって

2004年5月15日　第1刷発行

著　者　岡 村 達 雄
発行人　深 田 　 卓
装幀者　田 中 　 実
発　行　㈱インパクト出版会
東京都文京区本郷2-5-11 服部ビル
Tel03-3818-7576 Fax03-3818-8676
E-mail：impact@jca.apc.org
郵便振替　00110-9-83148



シナノ